열악한 환경 속에서 우울한 마음을 갖는 건 누구나 할 수 있다.
하지만 같은 상황에서도 믿음과 용기로 평정심을 유지하고
능동적으로 행동하는 건 아무나 할 수 없다.

선택은 오직 당신만이 할 수 있다.

성공은 크든 작든, 일찍 만나든 늦게 만나든
그 나름대로 모두 훌륭하다.
당신이 유일하게 신경 써야 할 것은

마음의 진동 소리를 따라 한 걸음 내딛는 일이다.

초심력初心力

초심력初心力

펴낸날 2023년 11월 1일 1판 1쇄

펴낸이 강유균
편집위원 이라야 남은영
기획·홍보 김아름 김혜림
교정·교열 이교숙 정아영 나지원
경영지원 이안순
디자인 바이텍스트
마케팅 조명구

브랜드 지니의서재
주소 경기도 고양시 덕양구 청초로 66 덕은리버워크지산 B동 2007호~2009호
전화 (02)719-1424 팩스 (02)719-1404
이메일 gangibook@naver.com
홈페이지 www.readlead.kr
펴낸곳 리드리드출판(주)
출판등록 1978년 5월 15일(제 13-19호)

ISBN 978-89-7277-384-9 (03320)

初心기

초심력

생각의 전환으로
돈, 시간, 자유를 얻는
6가지 성공 마인드

임형재 지음

지니의서재

결국,
당신은 해낼 것이다

나는 지극히 평범한 사람이다. 아니, 어쩌면 부족한 사람일지도 모르겠다. 평범한 가정에서 태어나 하루아침에 길바닥으로 쫓겨나기도 하고 눈물 젖은 밥을 먹으며 세상을 원망하기도 했다. 뚜렷한 미래가 없던 시절, 빛처럼 스치던 어떤 깨달음을 우연히 접한 이후로 모든 것이 달라졌다.

살면서 세 번의 기회가 온다고 했다. 그러나 준비가 돼 있지 않다면 그것은 빛보다 빠르게 사라지고 만다. 지금 생각해보면 타고난 재능이나 운이 없던 내게 기회를 잡을 수 있게 해준 건 '분명하고 선명한 믿음', '그 믿음의 지속성', 그리고 '독서'였다.

당신이 어떤 일에 도전할 때 신은 당신이 생각지도 못한 방식으로 그 일을 방해한다. 기대에 잔뜩 부풀어 오른 순간일 수도 있고 소중한 무언가를 잃은 후일 수도 있다. 신은 당신이 꿈을 이룰 자격이 있는지 확인하기 위해 가장 약해진 순간을 놓치지 않는다.

그러나 기억하라! 당신이 겪고 있거나 겪게 될 모든 어려움은 당신을 막으려는 게 아닌 그 꿈을 간절히 원하지 않는 사람들을 가려내기 위한 것일 뿐이다. 오직 당신만이 그것을 넘어설 수 있다.

성공은 특별한 방식으로 얻어지지 않는다. 누구라도 결심하면 바로 지금, 얻을 수 있다. 어디에 있든, 얼마나 불우하든 실패의 신호와 성공의 신호는 동시에 존재한다. 녹록지 못한 환경과 실패한 사람의 조언에 집중한다면 실패의 신호에 주파수를 맞추는 것이다. 같은 환경에서도 낡은 책장에 꽂힌 책 한 권을 집어 든다면 성공의 신호에 주파수를 맞추는 것이다.

사람은 자신의 무의식적 신념과 일치하는 것만 보려 한다. 어떤 느낌인지 모르겠다면 지금부터 내가 하는 말을 따라 움직여 보라.

지금, 당신이 위치한 주변에서 '빨간색'을 찾아보자.

다 됐는가.

이제 눈을 감아라.

당신 주변에 있는 '파란색'을 말해보라.

눈을 떠서 파란색을 보라.

당신의 생각과 일치했는가. 아마 아닐 것이다. 이 파란색처럼 성공의 단서는 언제나 당신의 주변에 존재하고 있다. 다만, 당신의 생각 주파수가 감지하지 못하고 있을 뿐이다. 마음먹기에 따라 주파수의 채널은 언제든지 바꿀 수 있다.

지금도 나는 그리 대단한 사람이 아니다. 내가 비즈니스 혹은 모임에서 만나는 사람 중 나보다 성공한 사람들이 훨씬 더 많다. 그럼에도 이 책을 쓰는 이유는 '성공의 불씨를 지펴주는' 역할을 하고 싶기 때문이다. 내가 만나본 자수성가한 사람들 대부분이 본능에 의해서건 누군가에게 배웠건 이 책에서 언급한 성공 방정식을 자신만의 형태로 변형해서 사용하고 있었다.

또 다른 이유는 스스로 성공하는 것과 성공하는 방법을 알려주는 것은 별개의 영역이라는 것을 깨달았기 때문이다. 그들의 성공 마인드를 많은 사람과 나눌 수 있으면 좋겠지만 성공자라도 그것을 잘 가르친다는 보장이 없다. 오히려 더 크고 원대한 목표와 성공에 집중하고 있기에 가르치는 일에 관심이 없는 경우가 더 많았다.

반면 지혜를 나눠주시는 감사한 분 중에는 이미 성공의 정점을 찍은 후 그 깨달음을 사회에 환원하고자 하는 경우가 많은 것 같다. 그러나 이렇게 크게 성공하신 분들의 이야기는 그 지혜와 경험의 폭이 너무 커서 성공의 티핑 포인트, 즉 시발점이 되기에는 몰입도가 떨어진다고 생각한다. 나 역시도 변화의 입문 단계에서는 주로 작은 성공자의 생생한 경험담을 들으며 구체적으로 행동에 옮겼다. 작은 성공자의 구체적인 이야기는 변화를 갈망하는 사람들에게 행동의 발판이 돼주는 중요한 역할을 한다.

요컨대 이것이 내가 이 책을 쓴 이유다. 모자란 삶을 살던 한 청년이 경제적 자유를 이루기까지의 이야기가, 이 순간에도 열악한 환경을 딛고 꿈을 키워가는 이들에게 성공의 불씨가 되기를 기대한다. 결국, 당신은 해낼 것이다!

임형재

차례

初心기

PART 1

기회는
남이 주는 것이
아니다

初心力

어느 날 문득 반가운 소식이 담긴 편지가 도착하듯 기회가 오기를 기다리는가, 아쉽지만 세상은 그런 식으로 기회를 주지 않는다. 기회란 부싯돌이 부딪히면서 발생하는 불꽃이다. 당신이 부싯돌처럼 세상과 부딪힐 때 기회는 불꽃처럼 찰나의 모습을 드러낸다. 이 불꽃으로 불을 붙인다면 기회는 비로소 당신 것이다. 기회는 수많은 시도 속에서 우연히 발생한다. 행동해야만 운도 따른다는 말이다. 시도하지 않으면 기회는 오지 않는다.

기적의
출발점에
서다

　나는 아직도 첫 손님이 매장에 방문했을 때, 그 설렘을 기억한다. 긴장되고 떨리는 마음을 진정시키며 맞았던 첫 손님. 그 느낌과 감동은 오늘날 400여 개 가족점을 출점시키고 활발한 영업활동을 돕는 기분과 별반 다르지 않다.

　"초심을 잃지 않으면 성공할 수 있다."라는 말이 있다. 만약 당신에게 꿈이 있다면 반드시 이 말을 기억해야 한다. 지금까지 어떤 인생을 살아왔건, **작은 성공이든 큰 성공이든 '감동의 크기는 결국 같다'라는 사실을 깨닫는다면 미래의 막연한 성공보다 눈앞의 작은 도전에 더 집중할 수 있다. 기적은 여기서부터 시작된다.**

　작은 성취는 당신의 하루를 초조함과 우울함 대신 승리자의 기분으로 가득 채워줄 것이다. 이렇게 하루하루 승리자로서 살아가다 보면, 모퉁이를 돌자 우연히 반가운 사람을 만나듯 당신이 원하는 성공 또한 어느 날 문득 반갑게 맞이할 수 있을 것이다.

나의 유년기는 순탄하지 않았다. 어릴 적엔 살던 집이 압류되어 하루아침에 길거리로 쫓겨났었고 학창시절엔 출석일 수가 모자라 퇴학 경고까지 받았었다. 20대 시절 대부분을 직업군인으로 군대에서 보내고, 30대 초반 전역 후 사회에 나오니 허허벌판에 홀로 서 있는 느낌이었다.

2014년 어느 날, 알토란 모으듯 준비한 돈으로 8평짜리 작은 공간에서 생애 첫 가게를 시작했다. 그리고 정확히 8년이 지난 지금, 400여 개의 직가맹점과 10여 개의 브랜드를 기획한 프랜차이즈 본사와 에듀테인먼트, 마케팅, 스튜디오 렌탈 사업 등 5개의 사업체를 운영하고 있다. 맞춤형 창업 컨설팅과 장례 상조 사업도 준비 중이다. 2014년부터 지금까지 무슨 일이 있던 것일까?

이 책은 그 **8년 동안의 이야기**이다.

지나온 날들은
오늘의
거울이다

먼저, 어린 시절 이야기부터 해볼까 한다. 과거의 경험을 반추하여 현재를 선택하고 그것을 토대로 미래를 유추해 볼 수 있기 때문이다. 나아가 이 책 안에서 이야기하는 개인적 경험이 꿈의 아지랑이를 피우는 누군가에게 간접적인 길잡이가 되기를 바라는 마음이다. 각 단락의 마지막에는 시기별로 깨달은 정보를 정리해 두었으니 참고 바란다.

| 어린 시절

1990년 초등학교 어느 날, 나는 꾸깃한 전단지를 집어 들었다.
"안녕하세요, 아저씨 여기 짜장면 두 그릇 부탁드려요."

맞벌이로 늦은 저녁이 돼서야 집에 돌아오는 부모님은 이따금 배달 음식을 허락하셨다.

"띵~똥~"

"오, 왔다!"

빨간 헬멧을 쓰고 턱수염이 텁수룩하게 난 배달 아저씨의 얼굴은 언제나 반가웠다. 이 가게는 친구의 아버지가 운영하던 곳으로 직접 배달도 해주셨다.

"형재야, 맛있게 먹어라, 여기 군만두랑 같이 먹어."

"감사합니다, 잘 먹겠습니다"

까맣게 버무려진 찰진 짜장면은 며칠째 같은 반찬으로 끼니를 때우던 나와 동생에게 군침 도는 별미였다.

유난히 무더운 여름날, 짜장면만 주문했는데 아저씨는 돈가스와 냉면까지 더해 배달해 주었다.

"형재야, 아저씨가 이번에 가게를 더 큰 데로 옮겼으니까 혹시 돈까스나 냉면이 먹고 싶을 때는 전단지 여기 둘 테니까 이쪽으로 전화해라."

전단지마다 전화번호가 달랐다. 그렇게 주기적으로 메뉴를 늘려가던 아저씨의 가게는 확장에 확장을 거듭했다.

내가 중학생이 되고 우리 집이 다른 동네로 이사 가기 전까지 오직 아저씨의 가게에서만 음식을 주문했다. 30여 년이 지난 지금, 그 가게가 어떻게 됐는지 모른다. 이제는 얼굴에 주름 가득해진 아저씨가 아직도 음식을 만들고 계실 수도 있고 어쩌면 친구가 가게를 이어받았을지도 모르겠다. 다만 확실한 건, 까맣게 버무려진 짜장면과 커나가는 아저씨의 가게를 지켜보면서 내가 처음으로 장사라는 것을 생각했다는 사실이다.

어릴 적 나는 평범한 가정에서 자랐다. 부모님과 누나, 나, 남동생 이렇게 다섯 식구였는데 나는 약간은 소심하고 내성적인 아이였다. 어머니는 학교 어머니회 활동을 하셨고 아버지는 묵묵하시고 말이 별로 없으셨다. 의류 회사의 부장이셨던 아버지는 명절이나 기념일에 선물을 많이 받았다. 그러니 직급도 꽤 높았던 것 같고 우리 집도 꽤 부유한 측에 속하지 않았나 싶다. 누나는 공부를 잘해 방 안을 상장으로 도배했고 동생은 운동을 잘하고 성격이 좋아서 친구가 많았다.

왼쪽부터 누나, 나, 동생

초등학교 6학년 무렵 어느 밤, 우당탕하는 소리에 잠을 깼다. 거실로 나가보니 낯선 사람들과 아버지가 실랑이를 벌이고 있었다. 커다란 화분이 깨져있고 바닥은 난장판이 되어 있었다. 누군가 깨진 유리조각을 밟았는지 발바닥 모양의 핏자국도 보였다. 사람들은 도망치듯 황급히 집 밖으로 나갔고 아버지는 흥분을 주체하지 못한 채 고래고래 소리쳤다. 잠결에 심장이 두근거리고 어지러웠다. 뭔가 단단히 잘못된 것이다. 그날을 기점으로 우리 가족은 이전과는 완전히 다른 삶을 살게 됐다.

가끔 사람들이 찾아와 집을 둘러보고 갔다. 집 안 구조는 어떤지 방은 몇 개인지 살펴보고는 고개를 끄덕이며 돌아갔다. 부동산에서 나왔다고 생각한 나는 우리 집이 이제 다른 곳으로 이사를 가나 보다 했다.

고등학교 1학년 가을, 가랑비가 내리는 날이었다. 어둑한 저녁, 방과 후 집으로 돌아왔는데 집 앞 골목에 눈에 익은 것들이 보였다. 내 책상과 옷가지들, 거실에 있어야 할 TV와 장식장 등 모든 가구와 집기들이 길바닥에 널브러져 있는 것 아닌가. 불길한 느낌에 얼른 집으로 뛰어 올라갔다.

마음은 급한데 현관문에 내 열쇠가 들어가지 않았다. 누군가 집 안에 있던 모든 것들을 밖으로 빼고 자물쇠를 교체해버린 것이었다. 혼란스러웠지만 마음을 가다듬고 무엇부터 해야 할지 생각했다. 추적추적 내리는 빗물에 가구들을 젖고 있었다. 동네를 이리저리 뛰어다니며 눈에 보이는 대로 비닐과 종이 상자를 모아 집기류들을 덮었다. 그리

곤 베란다를 타고 집 안으로 들어가 현관문을 열고 망가지기 쉬운 가전제품부터 하나씩 집으로 들여놓았다. 이윽고 가족들이 도착했고 함께 가구들을 하나둘 집 안으로 들여놓았다. 어느 정도 정리를 해놓고 나니 피로가 몰려왔다. 이제는 우리 집이 아닌 집에서 우리는 잠을 청했다.

아침이 되니 옆집 아주머니가 밥과 김치를 큰 그릇에 담아왔다. 밥을 먹는 내내 눈물이 흘렀다. 그때 알았다. 서러움이 버무려진 먹먹한 밥맛을.

고등학교 시절, 나는 학교를 자주 결석했다. 학교에서 배우는 것들이 내 인생을 바꿔줄 것 같지 않았기 때문이다. 학교에 가지 않으니 혼자 있는 시간이 많았다. 시험 일에도 등교하지 않았으니 성적은 바닥을 쳤다. 당시 우리 학년이 총 600여 명이었는데 내 등수가 580등 정도였다. 내 뒤로는 전부 시험을 치르지 않아도 되었던 체육특기생 씨름부 학생들이었다. 왠지 모를 불안감과 화, 들끓는 분노와 부정적인 감정이 나를 지배하던 시기였다.

고교 시절을 통틀어 가장 기억에 남는 두 가지 사건이 있다. 하나는 행정 업무를 담당하는 선생님이 수업 중인 교실로 찾아와 큰 소리로 내 이름을 불렀다. 내가 복도로 나가자마자 격앙된 목소리로 다짜고짜 엎드리라고 하는 것이 아닌가. 엉거주춤 엎드리자 내 배를 구둣

발로 툭툭 차면서 하는 말이 왜 등록금을 내지 않느냐는 것이었다. 서러움에 눈물이 흘렀다. 교실 안에 있는 아이들과 교실 밖에 엎드려있는 나 사이의 벽은 말할 수 없이 두꺼워졌다. 그때부터 내 마음은 딱딱하게 굳어져 갔다.

다른 하나는 2학년 때 일이다. 다른 반 학생과 사소한 시비로 주먹다짐이 벌어졌다. 당시 나는 결석이 잦고 성적이 나쁜 '문제아'였기에 다툼의 경위와 관계없이 문제를 일으킨 장본인이 되었다. 교무실에 불려가 무릎을 꿇었다. 학생부장을 비롯한 교무실 내 선생님들의 질책과 비난이 쏟아졌다. 기가 죽어 고개를 푹 숙이고 있는데 어디선가 "네가 지금 왜 이러고 있어, 당장 일어나!"라는 목소리가 들렸다. 담임 선생님이셨다.

당시 윤리를 가르치던 김영선 선생님. 학생들 사이에서 존경받는 분이셨기에 나의 마음은 무겁고 죄송스러웠다. 좋지 않은 학업성적이나 태도를 생각하면 이런 상황에 질책이나 비아냥을 받는 것이 당연했다. 그러나 선생님은 비난이나 선입견 없이 대해주셨고 결과를 겸허히 받아들이도록 조언해주셨다. 그래서 선생님 앞에 있으면 언제나 존중받고 있다는 느낌을 강하게 받았다.

이 두 가지 사건은 지금도 나에게 많은 생각을 하게 한다. **해결할 수 없는 문제에 대한 무분별한 질책은 부작용을 낳는다. 반면 상대를 존중**

김영선 선생님과 26년만의 재회

하며 반성하게 만드는 사려 깊은 질책은 내면을 변화시키는 강한 울림
이 있다. 같은 질책이지만 전혀 다른 결과로 나타나는 것이다. 사업이
성장할수록 올바른 리더십에 대한 고민은 언제나 나를 따라다니는 숙
제였다. 이와 관련한 많은 책과 이론을 접했지만 학창 시절에 겪은 이
두 가지 기억이 매 순간 나를 올바른 결론으로 이끌어주고 있다.

만약 그때 김영선 선생님을 만나지 못했다면 현재의 나는 어떤 모
습일까. 어쩌면 아직도 원망과 피해의식에 사로잡힌 부정적인 성격의
소유자가 돼 있지 않았을까. 세월이 흐른 지금 선생님이 내게 보여주
었던 것처럼 나 역시 누군가에게 긍정적인 기억으로 남을 수 있는 존
재가 돼야겠다고 다시 한번 다짐해본다.

변화는
작은 것에서부터
시작된다

고등학교를 졸업하고 22살까지 특별히 하는 일 없이 세월을 보냈다.

어느 날, 빈둥거리던 내 눈에 책장에 꽂혀있는 먼지 쌓인 책이 보였다. '용혜원 시집'이었다.

어릴 적 우연히 다닌 교회가 있다. 아래층 아주머니의 소개로 어머니와 함께 처음 가게 됐는데 개봉동 시장 부근의 오래된 상가 건물 옥탑에 있는 작은 교회였다. 종교시설이라기보단 오순도순 모여 인상이 좋은 목사님께 옛날이야기 듣는 느낌이었다. 몇 안 되는 아이들과 눈 마주쳐가며 이야기를 해주시는 목사님의 얼굴에선 따뜻함이 느껴졌다.

방학이 끝나면서 자연스레 교회에 나가지 못했다. 가끔 아랫집 아주머니를 볼 때마다 목사님이 떠올랐지만 옥탑방 작은 교회는 기억에서 서서히 잊혀져 갔다.

어느 날, 동네 슈퍼마켓에서 군것질거리를 고르고 있을 때였다.

"형재야."

낯익은 목소리에 고개를 돌려보니 목사님이 서 계셨다. 순간, 아직도 나를 기억해 주는 목사님과 목사님을 잊고 지낸 나 사이의 간극이 느껴져 겸연쩍고 부끄러웠다.

"잘 지내니? 이거 부모님께 드리렴."

두 권의 얇은 책이었다. 책의 표지에 '용혜원 시집'이라고 써 있었다. 목사님의 시집이었다.

먼지 쌓인 시집을 털어내면서 옛 기억을 떠올렸다. 성인이 된 나는 낡은 시집을 한 장 한 장 넘겨 가며 다시금 용혜원 목사님을 만난다. 사랑과 희망을 노래한 시들은 어느덧 나를 순수했던 어린 시절로 데려가 주었다. 그렇게 시를 읽으면서 무의미하고 건조했던 내 마음은 희망의 색채로 한 방울씩 물들어갔다.

용혜원

시인은 현재 고양시에 살고 있으며
시를 쓰고 강의를 다니고 있다
지금까지 시집 92권, 동시집 2권, 시선집 12권 등
204권의 저서를 출간했다
오늘도 시를 쓰는 기쁨과 강의하는 즐거움 속에
살아가고 있다

용혜원 시인

동기가
꿈틀댄다면
움직여라

우연히 집어 든 시집이 나를 독서의 세계로 인도했다. 책 속 인물을 만나고 그들의 생애를 엿보며 내 삶과 비교해 보기도 했다. 다양한 삶을 만나다 보니 내가 살아온 날보다 더 오래 산 기분이 들었다. 다 읽은 뒤 책을 덮으면 그동안 한 번도 느껴보지 못한 감정들이 몰려왔다. 그것은 뭔지 모를 희망이었고 자극제이기도 했다. 마음속 깊은 곳에서 삶을 더 풍성하게 가꾸고 싶다는 생각이 자라났다.

문득 대학에 가고 싶다는 생각이 든 것도 그즈음이다. 어머니는 지원해 줄 테니 열심히 준비하라고 했지만, 녹록지 못한 살림에 부담을 드리는 것 같아 마음이 쓰였다. 그만큼 더 열심히 하겠다는 다짐으로 나는 노량진에 있는 수능학원과 근처 고시원에 등록했다. 수능시험일까지 남은 기간은 7개월, 시간이 많지 않았다. 학창 시절 공부와 담을 쌓고 살았던 터라 기본은 돼 있지 않았고 내신 역시 좋지 않았다. 과연 내가 대학에 갈 수 있을까 걱정되었지만, 최선을 다하고 후회는 하지 말자고 스스로를 다독였다.

하루의 일과는 늘 같았다. 오전부터 오후까지는 학원 수업 듣고 이후 고시원에 돌아와 복습했다. 고시원의 크기는 매우 좁아 앉아서 공부하거나 누워서 자는 것 외에는 할 수 있는 것이 없었다. 누울 때는 의자를 책상 위에 올려놓아야 그나마 누울 자리가 생겼다. 이 시기 나는 태어나서 처음으로 치열하게 공부했다.

드디어 수능 일, 최선을 다했다. 그리고 무난히 대학에 합격했다.

이제 와 생각해보면 그때 내가 원했던 건 대학교 입학이 아니었던 것 같다. 단지 그동안 목적 없이 살아온 삶의 관성을 깨고 무언가를 성취하고 싶었던 것이다. 꾸준히 준비하는 과정을 이겨내고 목적한 바를 이뤄보고 싶은 심정이었다. 돌아보면 이때의 경험이 내 생애 의미 있는 첫 도전이었다.

상상은 현실이 된다

대학 졸업 후 육군 장교로 입대했다. 그리고 32살 되던 해, 대위 계급을 마지막으로 전역 지원서를 냈다. 앞날은 막막했다. 집안 형편은 녹록치 못했고 이렇다 할 좋은 대학을 나온 것도 아니었다. 더구나 사회에서 활용할 경험과 지식도 턱없이 부족했다. 가족들과 친구, 지인들은 걱정을 쏟아냈다.

"사회가 얼마나 힘든데 그냥 편하게 군대에 있지 뭐하러 전역을 해."

"뭐하면서 살려고?"

"계획은 있는 거야?"

이런 이야기를 들을 때마다 마음속으로 되뇌었다.

'어차피 한 번 사는 인생이라면 고생도 안 하고 후회하지 말고 차라리 해보고 후회하자.'

그렇게 도전에 목말랐던 나는 육군 장교라는 울타리에서 벗어났다.

전역 후 1년 정도는 도서관에서 살다시피 했다. 뭔가를 당장 시작해보려니 스스로 부족함을 느꼈고 지금

군인 시절, 공수훈련 중

이 시기가 아니면 자기계발에 전적으로 몰입할 기회가 없을 것 같았다. 자기계발, 리더십, 브랜딩, 마케팅, 디자인, 인문학 등 여러 분야의 책을 가리지 않고 읽었다. 딱히 어떤 목적이 있었던 건 아니다. 왠지 끌리는 분야를 골라 읽다가

흥미가 생기면 자연스레 관련 분야를 연속적으로 읽어 나갔다. 그러던 중 '외식업' 분야에 관심을 갖게 해준 세 권의 책을 만났다. 하나는 '우노 다카시'라는 일본 이자카야

엠브로컴퍼니 일동

CEO가 쓴《장사의 신》, 더본코리아 CEO 백종원 대표의《작은 식당》, '유니타스브랜드'라는 출판사에서 출간한 브랜딩 관련 책이었다. 우연인지 필연인지 이 세 권의 책을 연달아 접했는데 다 읽고 나니 왠지 모르게 내가 이미 외식 프랜차이즈 회사의 CEO가 된 듯한 기분이 들었다. 왜였을까? 정확한 이유는 모르겠지만 책을 읽으면서 매장을 운영하는 나의 모습이 너무나 분명하고 생생하게 그려졌다. 이 느낌은 시간이 지날수록 내 의식에 확고하게 자리 잡혔다. 그럼에도 이제 막 군대에서 전역한 32살의 내가 프랜차이즈 회사를 운영하겠다고 말하면 다들 비웃을 것 같아 아무에게도 이야기하진 않았다.

하지만 지금 와서 생각해보면 그 감정이 단순한 착각이었다고 생각하진 않는다. 왜냐하면 나는 지금 400여 개 지점과 함께하는 외식 프랜차이즈 회사의 대표가 돼 있기 때문이다.

정해진 때가 되면
생각을
멈춰라

전역 후 나는 주로 영업 관련 일을 했다. LED 전광판 영업, 보험 영업, 상가 또는 부동산 영업이다. 영업을 택한 까닭은 적성에 맞아서가 아니라 53세 나이에 맥도날드를 인수해 세계적인 기업으로 성장시킨 레이 크록의 일대기를 읽으며 감명을 받았기 때문이다. 그는 53세 이전까지 이렇다 할 직업 없이 이런저런 영업을 했다. 이렇게 영업으로 다져진 끈기와 집요한 설득력으로 결국 맥도날드를 인수할 수 있었다. 이외에도 세계적인 비즈니스 컨설턴트 브라이언 트레이시, 일본 경영의 신 이나모리 가즈오 등 유수의 성공한 CEO들이 거절을 두려워하지 않는 마음과 꺾이지 않는 시도 즉, 성공하는 영업 마인드의 중요성을 이야기했다. 이런 이야기들은 영업 초보인 나에게 도전의 불씨를 지펴주었고 거절을 두려워하지 않을 수 있는 용기를 주었다.

'돌빵'으로 불리는 영업 방식이 있다. 막무가내로 찾아가 무작정 설득하는 영업 방식을 속되게 이르는 말이다. 보통은 영업 전에 상대방에 대한 최소한의 정보나 약속을 구하고 찾아가기 마련인데 돌빵 방식은 부닥치듯 상황에 맞춰 임기응변으로 영업한다. 아무 집이나 보이는 대로 벨 누르고 들어가 학습지나 백과사전을 판매하던 시절에나 있을 법한 예전 방식이다. 요즘에는 이런 판매방식은 흔히 볼 수 없고, 하라고 시켜도 이렇게 일할 사람도 많지 않다.

그럼에도 내가 택한 LED 전광판 영업과 상가 부동산 영업은 대부분 돌빵 영업 방식이었다. LED 전광판 영업을 예로 들면, 트럭에 전광판을 가득 싣고 여러 지역을 돌아다니다가 적당한 곳을 찾으면 가게 안으로 무작정 들어가 가게 주인에게 전광판을 설치하라고 설득한다. 판매가격은 100만 원 선으로 선뜻 구매하기는 어려운 가격이었는데, 일정 금액 가격을 할인해주며 구매를 유도했다. 안 좋은 소리를 듣거나 소금 맞고 나오기 일쑤였지만 때마침 전광판 설치를 고민하고 있었거나 간혹 이야기가 잘 통해 판매가 성사될 때면 신나서 쾌재를 불렀다. 초반에는 수익을 내지 못했다. 하루에 한 개도 팔지 못하는 날이 많았다. 나를 포함해 세 명이 함께 일을 했는데 한 달이 채 지나지 않아 결국 남아있는 건 나 혼자였다. 그만둔 이유는 노력 대비 수익이 적다는 불만 때문이었다. 나는 수익에 개의치 않고 계속 일을 해나갔는데 주된 관심사가 수익이 아닌 판매 과정 자체였기에 가능했다. 세 달

차에 들어서니 하루에 한 개씩은 팔 수 있어 수익도 꽤 괜찮았다. 경쟁자도 모두 그만두었고 본사의 지원은 좋아졌으며 업무 자율성도 보장됐다 '역시 영업은 이 맛에 하는 것이다!'

영업하면서 깨달은 점은 크게 두 가지다.

첫째, 아무리 척박한 시장도 꾸준히 오래 하면 경쟁력이 생긴다.

이런 시장일수록 경쟁자가 더 쉽게 떠난다. 독점했으면 이제부터는 개선하는 것에만 집중하면 된다. 그러다 보면 자연스레 '전문가'라는 수식어가 따라붙게 되고 유일해진다. '이기는 자가 강한 게 아니라 버틴 자가 살아남는다'라는 말이 있는데 이 말은 정말 맞는 말이다. 성공의 문턱인 줄 모르고 그만두는 경우를 나는 여러 번 목도했다.

둘째, 양이 곧 질이다.

성과가 날 때와 그렇지 않을 때의 차이를 요령이나 지식으로 생각하는 경우가 많다. 하지만 나의 경험으로 볼 때 '성과는 시도의 횟수와 비례'했다. 영업 초기 나는 이것저것 생각하며 가게 주변을 맴돌다가 비장한 마음으로 들어가 끝장을 볼 것처럼 간절하게 영업했다. 이런 방식은 하루에 몇 군데 들르지는 못하고 실망은 크고 몸도 피곤할 수밖에 없었다. 그러나 성과가 나오는 영업을 할 때는 이와는 전혀 달랐고 방법도 훨씬 쉬웠다. 그저 마음속으로 '내 제품이 너무 좋아, 정말 최고야'라고 반복 주문을 외우다가 가게 앞에서부터는 생각을 멈추고 안으로 들어가고 보는 식이었다.

"근처에 전광판 설치 문의가 있어서 지나가다가 들어 왔는데요, 이 부분에 전광판 설치하면 정말 효과 좋겠는데요?"

간절함을 내려놓고 어깨에 힘을 빼고 해맑고 유쾌한 마음을 유지하는 게 관건이었다. 어느 정도 이야기해보고 안될 것 같으면 뒤도 안 돌아보고 나온 뒤 곧바로 다른 가게로 들어갔다. 이런 경우 더 많은 가게를 들어갈 수 있고 실패해도 실망감도 적고 몸도 덜 피곤했다.

성과의 차이는 무엇 때문일까? 마음가짐 때문이었을까? 아니다. 가장 중요한 건 가게에 들어간 횟수였다. **마음가짐은 실패했을 경우 실망의 늪에서 나를 빠르게 꺼내 주지만 직접적인 성과는 '문을 두드린 횟수'에 비례했다.**

많은 사람이 더 좋은 환경을 찾고 각오를 다지며 준비하는데 너무 많은 의미와 시간을 쓴다. 물론 일정 기간 꼼꼼하게 알아보고 준비하는 과정은 당연히 필요하다. 하지만 세상 아래 완벽한 상황이란 없다. **정해진 때가 되면 생각을 멈추고 몸을 움직이고 행동해야 한다. 오직 '실행과 조정 그리고 다시 실행'만이 온전한 결과를 낸다.** 이 실행의 습관이 성공의 9할이라는 것을 깨달은 것이 그 시절 가장 큰 수확이었다.

깨달은 것

- 안 하고 후회하지 말고, 실패하더라도 하고 후회하자.
- 적은 비용으로 가장 쉽게 만날 수 있는 스승은 '책'이다.
- 구체적이고 생생한 상상은 현실이 된다.
- 타인은 당신의 꿈과 목표에 관심이 없다. 이것은 지극히 당연한 현상이다.
- 목표를 지지하지 않는 사람들과 멀어질수록 성공 확률은 높아진다. 무의미한 만남을 줄여라.
- 하늘은 용기 있는 자를 통하여 세상을 변화시킨다.
- 안 좋은 시장도 꾸준히 오래 하면 경쟁력이 생긴다.
- 양이 곧 질이다. 성공 확률은 시도의 횟수와 비례한다.

진심으로
배우고 싶다면
자신을 내려놔라

LED 전광판 영업 다음에 한 일은 상가 양도양수를 주선하는 일이었다. 장사할 상가를 찾는 사람과 상가 주인을 연결해 주는 일이었는데 대상은 주로 외식 상가였다. 이 일을 하면서 외식업체 사장님들과 많은 이야기를 나눌 수 있었고 외식업의 현실을 생생하게 들을 수 있었다. 가게를 내놓은 매장은 매출이 저조하거나 사장이 장사에 매너리즘에 빠진 상태가 많았다.

다양한 매장을 두루 접하니 매출이 저조한 매장의 문제점이 명확하게 보였다. 고민이 많은 사장님들에게 장사 잘하는 매장의 사례를 알려주며 손님의 입장에서 의견을 주거나 나름 해결책을 모색해주기도 했다. 이런 부분을 짚어주면서 자연스럽게 외식업에 대한 통찰력이 쌓여갔다. 조언을 듣고 장사에 도움이 됐다는 이야기를 들을 때면 마치 내 매장이 잘되는 것 같은 성취감도 느꼈다. 그럴수록 외식업에 대한 관심은 더욱 커져갔다.

이제는 내 가게를 운영해야겠다는 생각에 사직서를 제출했다. 식당에서 일해본 경험이 전혀 없던 터라 이왕이면 유명한 맛집에서 하나부터 열까지 전부 경험해보고 싶었다. 구직 사이트를 통해 입사 지원을 했다. 그러나 33살을 주방의 막내로 들이기에는 부담스러웠는지 몇 군데에서는 입사를 거절당했다. 그러던 중 이자카야의 공고가 눈에 들어왔다. 가게는 지역에서 소문난 맛집이고 주방일을 배워보고 싶은 사람을 찾고 있으며 초보도 가능하고 연령 제한은 없다는 내용이었다. 직접 전화를 걸어 면접 날짜를 잡고 가게를 방문했다. 근무 시간은 오후 4시부터 새벽 4시까지였고 업무는 주방과 홀 관련 모든 것, 월 급여는 170만 원이었다. 나이가 많아서 걱정된다는 말에 만약 내가 불성실하거나 업무에 문제가 된다면 급여를 받지 않겠다고 했다.

일하는 직원은 나를 포함 3명이었고 모두 20대였다. 일을 직접 가르쳐주는 나의 사수는 25살이었다. 나이 때문에 사수가 부담을 느끼지 않도록 더 깍듯이 대했더니 그런 내 마음을 알아봤는지 금세 친해졌다. 직원들은 내가 대위로 전역했다는 사실을 알고 '중대장 형님'이라고 불렀다. 그렇게 주방 막내로 생애 첫 외식업에 첫발을 내딛게 되었다.

가게는 시장 입구에 자리 잡고 있었는데 소문난 맛집답게 저녁이면 금세 만석을 이뤘다. 큰 가게가 아니었던지라 3명의 직원이 주방과 홀을 가리지 않고 뛰어다니며 일했다. 모든 것이 서툴렀던 나는 처음 한 달간은 정신이 하나도 없었다. 지정된 일을 하는 것이 아니라 상황을 봐가며 모든 일을 했기에 눈치가 빨라야 했다. 예를 들면 주방에서 설거지하는데 손님이 오면 뛰어나가 주문을 받는 식이다. 각자 자기 일을 하는 상황에서 덜 중요한 일을 하는 사람이 알아서 나가야 했다. 서로 무슨 일을 왜 하고 있는지 알고 있어야 가능한 일이었다. 그런데 장사 경험이 하나도 없는 신입이 자기 일하기도 벅찬데 다른 사람이 무얼 하고 있는지 어떻게 알 수 있단 말인가.

가게에서는 간단한 소스조차도 직접 만들어 사용했다. 메뉴의 가짓수가 많아 관련된 식자재 종류도 엄청났다. 가게 문을 열기 전 3명이 2시간 동안 뛰어다니며 준비해도 시간이 모자랐다. 준비해야 하는 식자재가 워낙 많아 메인 주방만으로는 공간이 모자라 주방 뒤편으로 이어진 야외 주차장을 개조해 추가로 냉장고 등 저장공간을 마련해두었다. 주방에서 물을 많이 사용했기에 주방용 슬리퍼를 신고 늘 발이 젖은 채로 일했다. 겨울에는 발가락이 너무 시리고 부르터서 무척 아팠다.

새벽 4시쯤 일을 마치면 집에 가는 첫 버스가 올 때까지 1시간 정도를 기다려야 했다. 다행히 정류장 앞에 24시간 운영하는 패스트푸드 매장이 있었다. 나는 가장 저렴한 햄버거를 한 개 시켜놓고 첫차가 올 때까지 독서를 했다.

어둠이 내려앉은 새벽, 심연의 거리. 온전히 나에게 집중할 수 있는 이 시간이 마치 선물 같았다. 책장을 넘기면서 문득 하얗게 부르튼 손가락을 보았다.

'나는 지금 무엇을 위해 여기에 있는가?'

모두가 잠든 이 시간, 나는 꿈을 위해 깨어있었다. 책을 읽다 보면 생각에 빠져 첫차를 타지 못할 때도 많았다.

깨달은 것

- 남의 일도 내 일처럼 경청하고 고민하다 보면 전문가가 된다.
- 고민 자체는 답이 없다. 고개를 들고 주위를 둘러봐야 찾을 수 있다.
- '조건'보다 '목적'에 의미를 두고 일하라.
- 하루에 한 번은 자기 자신과 대화하는 시간을 가져라.
- 남들이 하지 않을 때 내가 하고 있다면 성공 확률은 높아진다.

PART 2

나만의
나라로
초대합니다

初心力

혹시 자신의 볼품없는 모습과 열악한 환경이 부끄러운가? 그럴듯한 환경이 주어진다면 열정을 불태우리라 생각하는가? 아쉽지만 그런 순간은 오지 않는다. 당신의 현재는 '작은 아이'와 같다. 아이가 작다고 작은 마음으로 키우면 결국 작은 존재로 자란다. 반면 몸집은 작지만 큰마음으로 키우면 거대한 존재로 자리매김하게 된다. 아이를 바라보는 어머니처럼 훌륭하게 성장할 것을 믿어라. 누군가 당신의 모습이 초라하다고 말하더라도 의기소침해지지 마라. 그들의 눈에는 당장 앞에 있는 작은 아이만 보일 뿐이다. 중요한 것은 오직 당신의 눈에 담긴 아이의 미래이다.

완벽하게
갖춰진
시작은 없다

주방 막내로 시작한 이자카야의 경험은 일 년 남짓 계속됐다. 그리 길지 않은 시간이라 내 장사를 시작하기엔 부족한 듯했지만 완벽한 상황과 조건은 없는 법. 나는 창업을 결심했다. 상가는 온라인 상가 직거래 카페를 통해 알아봤다. 초보 창업자는 매장의 위치와 상태 판단이 미숙하고 상가 양도양수 계약서 작성에 어려움을 느껴 공인중개사무소(부동산)를 찾는다. 그렇게 되면 중개수수료를 지불해야 한다. 상가의 경우 환산보증금(보증금 + (월세 × 100))의 0.9% 이내의 금액이다. 하지만 직거래하면 이 수수료가 없고 무엇보다 매장을 보기 위해 이동하고 방문하는 시간을 아낄 수 있다.

여러분이 예비 창업자라면 상가를 구하기 전에 알아야 하는 몇 가지가 있다.

첫째, 중개인에게 의지하지 마라.

누구에게, 어떤 방식으로 서비스를 제공할지는 스스로가 가장 잘 안다. 중개사의 의견은 참고만 하되 객관적인 판단과 최종 결정은 스스로 내려야 한다.

둘째, 중개인들은 중개만 할 뿐 당신이 하고자 하는 사업에 대해 모르고 관심도 없다.

간혹 부동산중개인을 창업 컨설턴트로 착각하는 사람이 있다. 그들은 단지 적당한 상가를 중개하고 수수료를 받는 것이 직업일 뿐이다. 이 점을 잊지 마라.

셋째, 상가와 상권에 대한 공부는 필수다.

비슷한 업종의 상가를 가능한 많이 둘러보고 인터넷 정보와 관련 책을 통해 보는 눈을 길러라. 돈과 시간을 투자하는데 책을 한 권도 보지 않고 창업할 것인가?

넷째, 직접 계약을 진행하더라도 권리 및 임대차계약서 작성은 공인중개사에게 맡겨라.

충분한 경험을 쌓기 전까지 리스크를 최소화해야 한다. 수수료가 아닌 소정의 서류비만 내고 진행하면 된다.

다섯째, 공인중개사를 통하여 상가를 찾더라도 기본적인 지식은 알고 있어야 한다.

앞서 말했듯 중개인은 창업전문가가 아니다. 상가 이력 및 시설물 상태만 체크할 뿐이다. 책임감 있는 중개인도 있겠지만 결국 임대차계약은 여러분이 하는 것이니 스스로 준비하자.

몇 날 며칠 인터넷을 뒤져가며 찾아보던 중 눈에 들어오는 매장을 발견했다. 8평 정도의 아담한 크기의 가게였다. 첫 가게라 크게 시작하고 싶지 않았고 자본도 녹록지 않았다. 지역은 신림동 고시촌으로 불리는 '대학동'이었다. 매장은 고시촌 중심상권에서 벗어난 외곽에 있었는데 그렇기에 상대적으로 임차조건이 저렴했다. 작은 매장이었지만 반 층 높이 위치하고 천장고(바닥 면부터 천장까지 높이)가 높아서 웅장한 느낌을 주었다. 첫 매장으로 안성맞춤이었기에 고민 없이 임대차계약서에 도장을 찍었다. 나의 첫 가게가 탄생하는 순간이었다.

누구나
초행길은
헤맨다

대학동은 서울대학교와 매우 근접하고 신림역과 서울대입구역 사이에 위치해 있다. 외부 접근성이 좋은 상권은 아니지만, 당시에는 서울대생과 고시생, 각종 공무원 입시생, 취업준비생, 젊은 직장인들이 많이 모이는 항아리 상권이라는 특징이 있었다. 인구 유동이 활발하지 않은 고여 있는 상권이라는 뜻이다. 이러한 상권은 특징이 있다. 특색 있는 명소보다는 평범하고 무난하며 저렴한 아이템들이 주류를 이룬다는 것이다. 그런데 내가 선택한 아이템은 양주와 칵테일을 파는 비스트로 펍이었다. 이유는 단순했다. 주변에 이런 가게가 없으니 내가 먼저 차리면 잘 되겠지 하는 마음이었다. 지금 생각하면 어처구니없는 판단이었지만 당시 초보 창업자였던 나는 그렇게 생각했다.

상가 임차조건은 보증금 1,000만 원, 월 임차료는 55만 원이었다.

창업자금이 많지 않았기에 최대한 비용을 아껴야 했다. 마음의 준비는 끝났고 새로운 도전은 시작됐다.

▎인테리어

인테리어 공사비용을 조금이라도 아껴야 했다. 그래서 시공 업체에 전부 맡기지 않고 전문가가 필요한 공정만 따로 작업자에게 맡겼다. 그 외 나머진 내가 직접 시공했다. 평소에도 나는 인테리어에 관심이 많았는데 이태원 경리단길, 서울대 입구 샤로수길 등 새로 형성된 상권에서 독특한 콘셉트의 매장을 둘러보며 영감을 받았다. 또한 틈틈이 인테리어 관련 서적이나 인터넷 카페, 블로그에서 정보를 보며 공부했다. 자신감을 가지고 공사를 시작했다. 그런데 막상 뚜껑을 열어보니 생각지 못한 상황들이 벌어졌다.

첫째, 공사 기간 조율의 어려움.

인테리어 용어로 공기라고 부르는데 공정마다 들어오고 빠지는 순서가 있다. 그런데 작업자들 간 일정 조율이 안 되면 다음 공정까지 시간만 보낸다. 예를 들면 전기 작업을 위해 목공이 함께 들어와 작업 순서와 날짜를 정해야 하는데 팀이 다르니 날짜를 맞추기 힘들다. 이러한 조율을 모두 업주가 해야 한다.

둘째, 책임감 있는 시공업자 판단의 어려움.

기껏 작업 일정을 조율했더라도 작업자가 시간을 어기거나 갑자기 일정을 변경하면 연관된 다른 작업자의 스케줄도 줄줄이 변경해야 한다. 이렇게 되면 인건비, 월세, 시간 모두 허투루 보내게 되고 작업의 완성도 떨어진다. 물론 성실한 시공업자도 많다. 하지만 아무래도 개인 매장 인테리어 공사는 대부분 단 건 작업으로 끝나는 경우가 많기 때문에 시공자의 책임감이 떨어질 수밖에 없다.

셋째, 시간 확보의 어려움.

열정과 기대로 인테리어를 시작할 때와는 달리 이런저런 문제점에 부딪혀 공사 기간이 지연되면 다른 것들을 준비할 시간이 부족해진다. 창업은 인테리어 외에도 해야 할 것들이 많다. 메뉴 준비, 식품 위생 교육, 영업 신고, 사업자등록증 발급, 상권 분석, 홍보물 제작 및 마케팅 등 신경을 써야 할 것이 많은데 인테리어 문제로 진을 빼고 나면 이런 것들을 할 시간이 부족해진다.

나는 원하는 인테리어를 구현하기 위해 두 달이라는 시간이 소요됐다. 지나간 시간과 고생한 노력, 월세를 기회비용과 대응해봤을 때 오히려 손해였다. 이 경험을 토대로 나는 특별한 경우가 아니고서는 초보 창업자에게 셀프 인테리어를 추천하지 않는다. 무작정 업체를 믿고 맡겨도 안 된다. 그렇다면 어떤 방법이 가장 좋을까? 만약 인테리어를 준비한다면 아래 내용을 참고하길 바란다.

1) 인테리어에 대한 사전 지식 습득 : 인테리어 서적, 사진 등

2) 벤치마킹할 자료 모으기 : 인테리어 잡지, 원하는 콘셉트 사진 등

3) 시공 관련 지식 습득 : 인터넷, 지식인, 전문가 블로그, 서적 등

시공 관련 지식은 시공업자와 대화가 가능할 정도의 개념만 알면 된다. 미팅 시 인테리어 용어만 섞어서 사용해도 경험이 많은 느낌을 줄 수 있다. 건축 용어 중에는 하리(대들보), 가베(벽), 스라(끝까지), 덴조(천장), 와꾸(틀), 헤베(1제곱미터)처럼 일본어에서 변이된 단어가 많은데 추후 개선돼야 할 부분이지만 이런 단어들을 사용함으로써 초보자 티를 내지 않는 것이 좋다.

4) 3D 도면(스케치업) 제작(견적 비교 시 활용) : 인터넷, 온라인 카페 등을 통해 도면 제작 요청

소정의 비용으로 3D도면을 제작할 수 있다.

다음은 필자의 브랜드 중 하나인 '곱떡치떡'에서 3D도면을 활용한 예이다.

※ 3D 도면 활용의 예

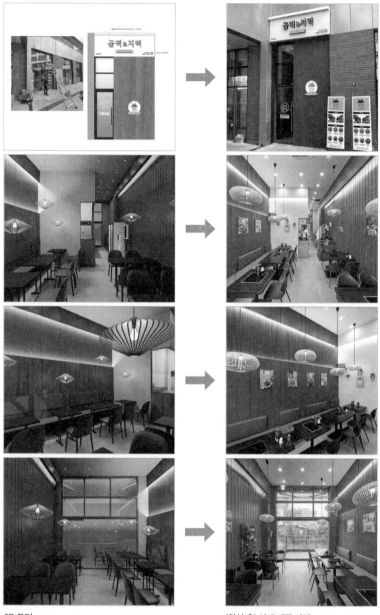

3D 도면　　　　　　　　　　　　　(완성 후) 실제 매장 사진

5) 마감재(견적 비교 시 활용) : 벤치마킹, 인터넷 검색

인터넷에 검색하면 여러 정보와 가격을 알 수 있다. 창업 전 여러 매장을 둘러보며 사진을 찍고 인터넷에서 정보를 찾아보자. 그 후, 전문가에게 문의해 추가 정보를 얻으면 좋다.

6) 인테리어 업체 선정 : 벤치마킹, 인터넷 검색, 인터넷 카페 등

인터넷을 검색하다 보면 블로그나 카페에 인테리어 시공 후기나 시공업자들이 작성한 시공 노트를 볼 수 있다. 영업을 위한 홍보 글이라고 치부하지 말자. 사실 세상 아래 영업이 아닌 것은 없다. 내용이 조리 있고 신뢰가 간다면 미팅을 제안하라. 평소 매장을 다녀보면서 마음에 드는 인테리어를 발견한다면 어떤 업체에서 했는지 물어보는 것도 유용한 방법이다. 물어보는 건 그때만 쑥스러울 뿐 돈이 나가지 않는다.

7) 미팅

미팅은 신뢰할 수 있는 업체를 찾기 위한 것이기도 하지만 실질적인 정보를 얻을 좋은 기회이다.

미팅은 많이 할수록 좋다. 최소한 세 개 업체는 만나볼 것을 권장한다. 투명한 업체도 있지만 모든 업체가 정확한 정보를 주지는 않는다. 따라서 **여러 업체를 만나며 정확한 정보를 가늠하고 여러 가지 질문을 하면서 지식을 쌓아야 한다.** 그러다 보면 믿을 만한 업체와 믿지 못할 업체의 구분이 가능해진다.

8) 견적

많은 초보 창업자들이 인테리어 업체에 시공 견적을 문의할 때 구두로만 설명하는 경우가 많다. '여기는 모던한 느낌으로, 저기는 간접 조명으로 은은하게, 여기는 고급스럽게' 대부분 이런 식이다. 사진을 보여주며 설명한다면 그나마 다행이다. 견적을 물어볼 때 가장 좋은 방법은 **3D 도면과 마감재가 함께 설명된 자료로 견적을 내는 것이다. 이렇게 한다면 보다 구체적이고 정확한 비교가 가능하다.** 앞서 설명했 듯 그리 크지 않은 비용으로 3D 도면을 전문적으로 제작해주는 디자이너들이 있다. 인테리어 회사에서 일한 경력이 있는 디자이너는 마감 재에 대한 지식까지 갖추고 있어 조언을 얻을 수 있다. 3D 도면을 제 작하면 비용은 더 들지만 수고로움을 덜고 시간을 아낄 수 있어 기회 비용 측면에서 보면 이득이다.

참고로 **정말로 성공하고 싶다면 누구에게든 거리낌 없이 질문할 수 있어야 한다.** 필자의 경험상 계속 질문하고 찾아보기를 반복하는 사람일수록 더 빠르게 진급하거나 성공했다.

매장의 인테리어 콘셉트는 인더스트리얼industrial 스타일로 정했 다. 창업을 준비하면서 디자인 공부를 하다 보니 모던, 엔틱, 빈티지, 스칸디나비아, 클래식 등 다양한 인테리어 스타일을 알 수 있었다. 그

중 인더스트리얼 스타일이 개인적인 취향에 맞았고 마감이 콘크리트 노출이라 비용이 적게 든다는 이점도 있었다. 그런데 노출 스타일은 기존 마감재를 철거하기 전까진 콘크리트의 생김새를 알 수 없다는 단점이 있다. 막상 철거했더니 미장을 밋밋하게 덧칠해놨거나 콘크리트에 페인트를 칠해놓은 상태라면 자연스러운 콘크리트의 느낌이 살지 않는다. 따라서 이럴 경우를 대비해 다양한 마감재를 미리 알아놓고 스타일을 살릴 수 없는 부분은 포인트 마감을 해주어야 한다.

다행히 나의 8평 매장은 콘크리트의 느낌이 전체적으로 자연스러웠다.

▎네이밍(상호) 짓기

'네이밍'이란 말 그대로 브랜드의 이름을 짓는 것이다. 사람에게 이름이 있듯 가게나 회사, 제품에도 이름이 있다. 브랜드의 이름에 디자인을 더할 수 있다. '마크' 혹은 '심벌'이라고 부르는 '상징적인 표식'을 사용할 수도 있다. 이름 안에는 그만의 분위기와 심상이 담겨있다. 브랜드의 네이밍은 사람들의 눈과 귀를 통해 자신의 존재를 드러내고자 시도한다.

창문 4개와 테이블 4개가 전부인 8평 작은 매장, 이곳에 옹기종기 모여 앉아 시간을 보내고 있는 사람들을 상상해봤다. 그 모습은 마치 한 송이 포도 같았다. 포도 알맹이처럼 사람이 알알이 모여 있는 이곳이 바로 포도송이 자체이다. 시그니처 메뉴인 청포도 맥주와 절묘하게 매칭되는 순간이었다.

(1) 4개의 테이블, 4개의 창문
(2) 알알이 모여 있는 알맹이들
(3) 청포도

나는 이 공간을 '믈랑mlrang'으로 이름 지었다. 동그란 포도처럼 입안에서 부드럽게 굴러가는 발음과 유럽의 작은 마을에 있을 법한 술

믈랑의 로고

믈랑의 심벌

청포도 유화, 이학 작가 작품

집의 이미지를 담아내고자 했다.

청포도 심벌을 구성한 4개의 원형과 4개의 사각형은 각각 4개의 테이블과 4개의 창문을 나타낸다.

'이름 짓는 거 그냥 내 마음에만 들면 되는 거 아냐? 내가 사장인데.'라고 생각할 수 있다. 완전히 틀린 말은 아니다. 아주 유명해진 뒤라면 이름이 뭐가 중요할까. 하지만 좋은 네이밍일수록 사람들의 인식을 깊게 파고들어 명확한 인상을 남긴다.

나는 네이밍할 때 다음 네 가지를 중요하게 생각한다.

첫째, 어떤 아이템인지 표현될 것(직·간접적)
둘째, 한눈에 식별 가능할 것
셋째, 발음하기 좋을 것

넷째, 브랜드 스토리와 연관성이 있을 것

또 하나, 간과하지 말아야 할 것은 대중들은 브랜드에 대한 정보가
전무하다는 사실이다. 다시 말해 자신만의 기준과 고집으로 네이밍한
다는 것은 고객을 배려하지 않다는 뜻이다. **브랜드 마케팅이란 '고객
의 입장에서 바라보는 것'을 전제로 해야 한다. 브랜드는 주인이 아닌
대중을 위한 것이다.**

내 상호 소유하기, 상표등록

네이밍 단계에서 많은 사람이 두 번째 항목인 '식별력'을 놓친다.
하지만 단언컨대 이 항목이 가장 중요하다. 다른 이름들과 차별화로
식별이 돼야만 온전히 상표의 법적 소유권이 생기기 때문이다. 애써
마음에 드는 상호를 정했는데 그것이 자신의 것이 아니게 된다면 무슨
의미가 있겠는가. 영업 도중 상호를 변경하라는 내용증명을 받거나 혹
은 동일한 상호의 브랜드나 제품, 경쟁 점포가 생겨난다면 어떻게 조
치하겠는가, 당신의 브랜드가 유명해질수록 곤란해질 것이다.

이러한 문제를 해결하기 위해 특허청 '상표등록'은 필수다. 특허청

에 당신의 상호가 등록되면 네이밍 즉, 상표는 여러분 것이 된다. 이때 등록을 위한 필수 조건이 바로 '식별력'이다. 대중적으로 널리 쓰이는 단어와 기등록된 상표는 등록이 불가하다.

상표등록 방법에는 직접 출원하는 방식과 변리사에게 위임하는 방식이 있다. 직접 출원하기 위해서는 상표등록에 대한 기본적인 지식을 쌓아야 한다. 출원하는 방법은 어렵지는 않다. 유튜브, 블로그 등 인터넷에 많은 자료가 있으니 참고하면 도움이 된다. 다만, 상표를 출원해본 경험이 없는 초보 창업자라면 수수료를 지불하더라도 전문 변리사에게 위임하는 것을 권장한다. 출원 절차가 그리 복잡하진 않지만 경우의 수가 존재하므로 더 빠르고 안정적인 상표등록을 위해 전문가의 도움이 필요하다. 물론 이때에도 기본적인 지식은 알고 있어야 한다. 사업을 하다 보면 상대적으로 중요도가 떨어지는 상표를 출원해야 할 때도 생긴다. 이때 직접 출원을 진행해보면서 조금씩 이해도를 높여가면 좋다.

당신의
사업은
'작은 아이'와 같다

모든 사업은 규모와 관계없이 나름의 개성이 있다. 아이처럼 작을 수도 있고 어른처럼 클 수도 있다. 남성적일 수도 있고 여성적일 수도 있으며 중성적일 수도 있다. 노인처럼 세월의 흔적(빈티지)이 느껴질 수도 있고 첫 출근하는 청년처럼 말끔(모던)할 수도 있다. 창업자가 어떤 생명력을 불어넣느냐에 따라 달라진다. **브랜딩이란 사업을 탄생시키고 영혼을 부여하고 성장 스토리를 만들어가는 과정이다.** 그렇다면 훌륭한 브랜딩이란 무엇일까? 그것은 한 문장으로 압축된다.

"네 사업을 네 아이 키우듯이 하라."

아이가 작다고 작은 마음으로 키우면 결국 작은 존재로 자란다. 몸

집은 작지만 큰마음으로 키우면 거대한 존재로 자리매김하게 된다. 당신의 사업은 당신이 정성을 다해 키우고 성장시킬 그 '작은 아이'와 같다. 아이를 바라보는 어머니의 눈 안에는 아이의 미래도 함께 담겨 있다. 매 순간 성장한 미래의 모습을 상상하며 훌륭하게 자라날 것을 믿어 의심치 않는다. **성공한 사업가란 이와 동일한 시선으로 자신의 브랜드 혹은 사업을 바라본다.**

혹시 남들이 당신의 사업이 작고 초라하다고 말하는가? 설령 그렇더라도 의기소침해지지 마라. 그들의 눈에는 당장 앞에 있는 작은 아이만 보일 뿐이다. 중요한 것은 오직 당신의 눈에 담긴 아이의 미래이다.

사람들은
당신을
컬러로 인식한다

디자인은 브랜드의 패션이다. 누군가를 처음 만나면 우리는 본능적으로 스타일을 먼저 본다. 그것은 꽤 신뢰할 수 있는 정보를 담고 있기 때문이다. 디자인은 고유의 정체성Identity을 직관적으로 표현한다. 정체성이란 독립적인 존재로 다른 것과 나를 구분 짓는 모든 것을 말한다.

모든 사람은 어떤 형태로든 나름의 스타일을 갖고 있다. 그것은 당신의 '작은 아이' 역시 마찬가지다. 디자인은 아이의 존재를 세상에 드러내는 매우 중요한 요소다.

디자인에서 중요한 요소 중 하나는 톤앤매너Tone & Manner이다. 명암과 색채의 차이를 뜻하는 톤Tone과 회화의 화풍을 의미하는 매너

Manner, 두 단어가 합쳐진 '시각적인 하나의 콘셉트'를 뜻한다. 즉 '색감', '분위기', '시각적 느낌'으로 이해하면 될 듯하다. 브랜드를 떠올렸을 때 저절로 어떤 감정을 느끼게 되는 것은 컬러의 영향이다. 간혹 상호를 보지 않고도 매장의 컬러만으로 무엇을 파는 매장인지 알아차린 적이 있지 않은가? 적절하게 사용된 컬러와 로고, 마크, 패턴 등 디자인 요소와 인테리어, 익스테리어, 유니폼, POP, 메뉴판의 통일성은 고객에게 브랜드 신뢰도를 높인다. 반대로 일관성 없는 디자인과 컬러는 매장의 개성을 흐리고 산만한 느낌을 준다.

일반적으로 상업 매장은 '채도'가 높은 색을 사용하는 것이 좋다. 선명하고 컬러풀하면 좋다는 것이다. 채도가 높으면 색이 강하게 느껴진다. 아래 브랜드를 보자. 채도가 높은 색을 사용하고 있다.

브랜드 로고와 컬러

채도가 낮은 컬러는 위 그림에서 보듯 고급스럽고 은은한 분위기를 전달한다. 외식 분야는 따뜻한 색을 많이 사용하는데 이는 식감을 자극하고 눈에 더 잘 띄기 때문이다. 주황, 빨강, 노랑이 대표적이며 이 색들은 실제 거리보다 가깝게 느껴지는 진출색이라 눈에 잘 띄는 장점도 있다.

나는 브랜드를 기획할 때 기본적으로 3가지 컬러를 정한다. 메인 컬러 10%, 서포트 컬러 30%, 바탕 컬러 60% 비율이며 브랜드에 따라 조금씩 변경한다.

블랑의 컬러는 청포도를 나타내는 녹색 10%, 흰색 30%, 검정색 60%을 기준으로 했다.

블랑의 톤앤매너인 녹색, 흰색, 검정색

이제 고유의 디자인을 위해 다음 네 가지 질문에 답해보자.

첫째, 당신만의 브랜드 컬러는 무엇인가?

둘째, 다른 매장과 차별성이 느껴지는가?

셋째, 파는 것과 잘 어울리는가?

넷째, 일관성이 있는가?

"잊지 말자, 사람들은 당신을 컬러로 인식한다."

'오늘'이란 공책에
어떤 이야기를
쓸 것인가

좋은 마케팅이란 효과적으로 나를 알리는 방법이다. 아무리 좋은 제품이나 서비스도 대중이 알지 못하면 아무 소용없다. 그러기에 마케팅은 마지못해 하는 것이 아니라 **나만의 이야기를 알리는 필수 과정이다.**

자금이 많을수록 다양한 채널을 활용할 수 있다. 이제 막 8평짜리 작은 매장을 오픈한 나는 어떤 마케팅을 할 수 있었을까? 마케팅에는 많든 적든 비용이 든다. 돈이 없다면 시간과 행동으로 대신해야 한다. 녹록지 못한 상황일수록 더 많이 공부하고 움직여야 하는 것이다. 첫 매장을 준비할 당시 창업자금은 턱없이 부족하고 마케팅의 개념도 많이 빈약했었다. 하지만 다행히도 **매장에 특별한 스토리가 없다면 무수한 비용을 써도 소용없다는 믿음**을 가지고 있었다. 나는 우선 비용이

들지 않는 인스타그램, 페이스북 등 SNS 채널을 개설하고 매장 이야기를 하나씩 기록했다. 그리고 언젠가 자금이 모이면 그동안 쌓아왔던 이야기들을 다양한 채널에 노출해야겠다고 생각했다.

기록이란 필연적으로 특별한 스토리를 요구한다. 이를 위해 '특별한 경험'과 '시간', 그리고 '운'이 필요하다. 시간이 필요하다는 것을 알기에 대박을 꿈꾸지 않았다. **성공을 쫓기보다 눈앞에 있는 특별함을 하나씩 쌓아가면서 스토리를 만들어가는 재미에 집중했다.** 한 층씩 쌓아 올린 스토리는 한 권의 자서전이 될 것이라 믿었다. '진인사대천명 盡人事待天命' 오늘 하루 최선을 다하고 미래를 걱정하지 않는 것이 최선이었다.

물랑의 아이덴티티

스토리텔링Storytelling이란 '스토리story + 텔링telling'의 합성어로 '이야기하다'라는 의미를 지닌다. 즉, 상대방에게 알리고자 하는 바를 재미있고 생생한 이야기로 설득력 있게 전달하는 것이다. 여기서 스토리는 진실과 신뢰를 바탕으로 한다. 하지만 많은 사람이 스토리텔링을 마케팅 요소 중 하나로만 생각한다. 창업하게 된 계기와 메뉴에 대한 이런저런 이야기를 구성해놓고 스토리텔링을 '했다고' 여긴다. 이건 잘못된 생각이다. 스토로텔링이란 과거 완료형이 아닌 현재 진행형이기 때문이다. **당신의 이야기는 지금 이 순간에도 계속 쓰여지고 있다.** 이 사실을 이해한다면 잠들기 전 혹은 매일 아침 스스로 다음과 같이 질문하라.

"오늘은 어떤 나만의 이야기를 쓸 것인가?"

당신의 스토리북을 어떤 이야기로 채울지는 오직 당신만이 결정할 수 있다. 저조한 매출 속에서 우울해하고 원망할 곳을 찾으며 누군가를 질투하는 이야기로 페이지를 채울 수도 있다. 또는 멍하게 앉아 관성적으로 하루를 살며 페이지의 대부분을 여백으로 낭비할 수도 있다. 반면 '그럼에도 불구하고' 열악한 환경 속에서도 남들보다 더 노력하고 포기하지 않으며 결과를 바라지 않고 매 순간 최선을 다하는, 우리가 흔히 알고 있는 성공하는 사람들의 성공 전 모습으로 당신의 페이지를 채울 수도 있다.

　가난과 비난 속에서 우울한 마음을 갖는 건 누구나 할 수 있다. 하지만 같은 상황에서도 믿음과 용기로 평정심을 유지하고 능동적으로 행동하는 건 아무나 할 수 없다. 선택은 오직 당신만이 할 수 있다.

스토리는
영원하다

매장의 콘셉트를 펍으로 정한 이유는 요리보다 주류와 음료에 비중을 더 두고 싶어서였다. 술 손님이 많은 펍은 아무래도 메뉴에 대한 중요도가 다른 종목에 비해 상대적으로 낮다. 나는 요리 경력이 많지 않아 맛집으로 거듭나긴 어려울 것 같았고 콘셉트나 서비스로는 자신이 있었다. 시그니처 메뉴는 직접 갈아 만든 '청포도 과즙 맥주'와 '수제 치즈스틱'이었다. 사이드 메뉴는 코스트코에서 흔히 구할 수 있는 감자튀김 등의 기성품들로 준비했다. 몇 개 안 되는 메뉴였지만 청포도 맥주와 수제 치즈스틱만은 멀리서도 이거 먹으러 여기 온다는 말이 나올 정도로 특별하길 바랐다. 그래서 청포도 맥주 주문이 들어오면 손님이 볼 수 있는 위치에서 청포도 과즙을 짜서 맥주를 만들었다. 수제 치즈스틱 역시 치즈를 직접 자르는 것부터 튀기는 모습까지 전 과정을 볼 수 있도록 했다. 이러한 퍼포먼스는 당시 내가 선택할 수 있는 최선이었다.

눈에 보이는 것은 분명 맛과 관련이 있다. 맛은 입으로 보지만 판단은 가슴이 한다. 이때 눈은 가슴과 바로 연결된다. 보기 좋은 떡이 먹기도 좋다. '쇼잉', '퍼포먼스'도 같은 맥락이다. 물론 좋은 식자재와 올바른 레시피, 진정성 있는 요리사의 마음이 선행되어야 한다. 그러나 맛을 평가하는 것은 가슴, 바로 '심상心象'의 역할이다.

지난해 200여 명의 교육생을 대상으로 '살면서 가장 맛있었던 최고의 음식'을 설문한 적이 있다. 여러 가지 답변이 나왔는데 그중에서도 가장 많이 나온 답변은 '지인(어머니, 할머니 등)이 해주었던 음식'이

시그니처 메뉴인 수제 치즈스틱, 수제 청포도 맥주

었다. 더 구체적으로는 '특정 시기와 장소'가 포함되었는데 예를 들면 '어릴 적 할머니가 해주신 된장찌개', '가족여행 때 계곡에서 아버지가 끓여주셨던 스팸 라면' 같은 것이다. 덧붙여 그 맛을 잊지 못해 똑같이 만들어보려 해도 동일한 맛을 낼 수가 없다고 한다. 왜일까, 할머니와 아버지만 알고 있는 독특한 비법이 있어서였을까?

아니다. 특별한 심상이 가미되었기 때문이다. **심상은 음식이 아닌 가슴에 직접 뿌리는 조미료다. 그것은 마음속에 더 깊숙이 침투해서 더 오래 기억하게 한다. 추억의 조각이고 한편의 이야기이다. 스토리텔링Storytelling은 그렇게 탄생해서 누군가의 마음에 영원히 머문다.**

맛은 주관적이라 정량적으로 나타내기 어렵다. 그래서 나는 맛을 수치화할 때 '입'과 '눈', '스토리'의 영역에 각각 점수를 매기고 합친다. 단, 여기에는 두 가지 조건이 있다. 첫째는 '입의 영역'은 수치가 '0' 이하면 나머지 영역에 관계 없이 결과는 '0'이다. 둘째는 영역 별로 최대치가 다르다. 입과 눈의 영역은 100점이 최대치이지만 스

시그니처 메뉴인 찹쌀 유린기

토리의 영역은 '무한대'이다. 이해를 돕기 위해 다음의 공식을 예로 들어본다.

입(100) + 눈(50) + 스토리(200) = 350점
입(100) + 눈(0) + 스토리(0) = 100점
입(0) + 눈(50) + 스토리(200) = 0점

※ '입의 영역'은 '0'이 되면 안 된다.

· 영역별 점수 최대치 ·

입 = 100점

눈 = 50점

스토리 = ∞(무한대)

'입으로 보는 맛'은 **0이 되면 안 되기에 매우 중요하다.** 그래서 최대치가 '100점'이다. '눈으로 보는 맛'은 0이 돼도 결과에는 영향이 없어 '50점'이 최대치다. 스토리는 0이 돼도 결과에는 영향이 없지만 **최대치가 '무한대'라서 중요하다.** 입과 눈은 한계가 있지만 스토리는 한계가 없다. 맛을 정량화하는 방법은 명확한 기준이 없다. 하지만 내가 말한 방식을 적용하면 비교 분석하기에 용이하다. 이렇게 맛집이 되는 요소와 몇 가지 조건만 인지하면 약점에 매몰되지 않고 강점을 찾을 수 있다.

깨달은 것

- 낯섦을 피하지 마라. 낯선 사람에게도 질문할 수 있어야 한다.
- 의지하지 마라. 모든 타인과는 협력 관계이지 의지할 대상이 아니다. 가족도 마찬가지다.
- 눈에 보이는 것보다 보이지 않는 것이 힘이 세다. 마음을 얻는 데 집중하라.
- 스토리텔링Storytelling은 영원하다.
- 오늘이란 공책에 당신의 이야기가 쓰이고 있다.
- 실패란 현시점의 결과일 뿐이다. 성공은 문을 더 많이 두드릴수록 더 빨리 열린다.
- 진인사대천명盡人事待天命, 최선을 다하고 결과는 하늘에 맡겨라. 부정적인 결과는 피드백해서 재도전하면 된다.
- 아이가 어른이 되듯 당신의 사업도 틀림없이 성숙될 것이라 믿어라.

나
자신이
된다는 것

　나의 첫 매장은 간판도 없이 영업을 시작했다. 매장 구조는 단순했는데 2평 정도의 주방과 4개의 테이블을 둔 홀이 전부였다. 생각보다 길어진 인테리어 시공과 녹록지 않은 자금 사정으로 순탄하지 않은 시작이었다. 아직 모든 면에서 미숙한 탓에 많은 손님을 받기도 무리였다. 로고 디자인이 완성되기 전이라 간판뿐만 아니라 디자인이 들어갈 만한 모든 부분은 전부 여백으로 남아있었다. 하지만 마음엔 자신감이 차 있었다. 어쨌든 부족한 부분은 하나씩 보완해가면 될 일이다. 예상은 했지만 역시나 손님은 오지 않았다. 그도 그럴 것이 내가 봐도 도무지 뭘 파는지 알 수가 없었다. 어둠이 내리고 텅 빈 매장을 보고 있자니 설렘과 두려움, 기대와 걱정이 한데 섞여 마음이 복잡하고 먹먹했다.

깊은 밤, 매장에 홀로 앉아서 거리를 바라보았다. 골목 끝에 머물던 어둠이 어느새 눈앞까지 다가와 있었다. 밤하늘의 별은 더 밝게 빛났다. 바람만 고요한 거리를 배회하고 잔잔한 팝송이 매장을 채웠다.

오픈
한 달째

매장을 준비하던 노력이 무색하게 오픈 한 달째까지 손님은 없었다. 비록 아직 간판도 없는 상태지만 궁금해서라도 한 팀 정도는 오지 않을까 생각했다. 그동안 우두커니 놀고만 있었던 건 아니었으니까. 인스타그램, 페이스북 등 SNS 채널을 개설해 조금씩 변화되는 매

매장 내부 전경

장 전경도 찍어 올리고 메뉴도 보완했다. 매장에서 틀 음악도 선곡하고 인테리어 소품도 준비했다. 상권도 분석하고 블로그, 카페 등 인터넷을 통해 지역 특성도 조사했다. 입구 앞에 메뉴판도 설치했다.

두 달째에 들어섰지만 매장에 혼자 우두커니 앉아 있는 시간이 부쩍 많아졌다. 내 눈엔 부족한 게 없었다. 간혹 친구나 지인들이 찾아와 여러 조언을 해주었다. 주로 분위기와 메뉴를 바꿔보라는 내용이었다. 손님 없이 두 달을 보내고 나니 조금씩 후회가 밀려왔다. 공부하는 학생들이 모여 있는 상권에서 한 잔에 몇천 원씩 하는 양주와 맥주라니. 나름 심혈을 기울여 준비한 인테리어는 왠지 주변에서 동떨어져 보였다. 사람들이 몇 미터씩 줄 서는 천 원짜리 와플 가게와 커피숍을 지날

때면 이런 마음이 후회가 더 커졌다. 그동안의 노력이 모두 물거품이었을지도 모른다는 생각이 들 때면 하루가 답답하고 우울했다. 그러던 어느 날, 디자인을 전공한 동생이 찾아왔다. 동생은 브랜딩과 마케팅에 대한 지식도 많아서 우리는 만나면 시간 가는 줄 모르고 이야기

매장 입구 앞 입간판

를 나눴다. 그날은 장사에 대한 고민을 토로했다. 가만히 이야기를 듣던 동생이 말했다.

"형, 어차피 장사도 안 되는데 여기를 그냥 형의 나라라고 생각해. 이 나라는 형이 만들었고 규칙도 형이 세우는 거야. 장사한다고만 생각하지 말고 하고 싶은 거 있으면 아무거나 다해 봐."

동생이 돌아간 뒤 자리를 정리하면서 '나만의 나라'라는 말을 곱씹었다.

"나만의 나라라고? 맞아, 여기는 나의 공간이지.
그래, 지금부터 온전히 '나를 살리는 공간'으로 만들어보자."

나만의
나라를
세운다는 것

매장을 '나의 나라'로 생각하니 답답했던 마음이 편안해졌다. 지금까지 나를 제약하던 조건으로부터 해방된 기분이 들었다. 이제부터 나는 장사를 하는 것이 아닌 내 공간에서 온전한 나의 삶을 살 것이다. 오늘부터 여기는 아이디어를 테스트하고 실험해보는 공간이다. 그런데 어떤 걸 해보면 좋을지 주변 사람들에게 물어보면 되돌아오는 말은 한결같았다.

"가게가 좁아서 뭘 할 수 있겠어?"

"학생들이 대부분인 동네인데, 싼 걸 팔아 봐."

"군인 출신이라 네가 아직 사회를 잘 모르는 것 같아."

"손님이 이렇게 없는데 뭘 할 수 있겠어?"

될 이유보다는 안 될 이유에 초점이 맞춰진 말들이었다. 도움은커

주방에 있는 내 모습

녕 오히려 내게 불가능을 강요하는 것 같았다. 이리저리 고민하던 차에 문득, '내 공간에 버스커(거리의 공연자. 악기, 마이크, 휴대용 앰프 등을 들고 다니며 거리 곳곳에서 관객과 소통하며 음악을 즐긴다)들을 초대하자.'라는 생각이 들었다. 왜 갑자기 그런 생각을 했는지는 알 수 없다. 어쩌면 조용한 매장 안에서 혼자 음악을 듣고 있는 시간이 많아서였을지도 모른다.

어쨌든 나의 첫 시도는 노래하는 버스커들을 초대하는 것으로 정했다. 버스커들과 손님들이 한데 어우러져서 즐겁게 노래하고 이야기를 나누는 모습을 상상하니 생각만으로도 가슴이 뛰었다. 그런데 이런 계획을 말하자 또다시 걱정을 쏟아냈다.

"이렇게 좁은데?"

"손님도 없는데?"

"공연비는 있어? 장비는?"

"누가 이런 고시촌에서 노래하겠어?"

어떤 친구는 "너도 참 궁상맞다."라고 했다.

그런 이야기를 들을 때마다 나는 '**여기는 내 나라야. 초대해서 응하지 않으면 마는 거지. 뭐가 두려워?**'라고 혼잣말을 했다.

관점을 바꾸면
문제가
매력이 된다

'생각하고 행하지 않으면 생각하지 않은 것과 같다.(學而不思則罔, 思而不學則殆(학이불사즉망, 사이불학즉태)_ 논어, 위정편)'라는 말을 되새기며 행동을 시작했다. 버스커들을 초대하려고 보니 내 지인 중엔 음악과 관련된 일을 하는 사람은 찾을 수 없었다. 여기저기 버스커를 수소문하기 시작했다. 매장 밖으로 벗어날 수도 없어 인터넷과 SNS를 활용했다. 검색으로 버스커를 찾을 수 있었지만 막상 메시지를 보내려니 말처럼 쉽지 않았다. 공간, 무대, 장비, 공연비 등 어느 것 하나 온전히 제공할 수 없는 상황이라 말 꺼내기가 망설여졌다. 하지만 용기 있는 자만이 기회를 얻는다고 하지 않던가. 버스커들에게 SNS 다이렉트 메시지를 보냈다. 간혹 답장이 왔는데 대부분 가게 여건을 물어볼 뿐 그 뒤엔 연락이 없었다. 이런 일이 몇 번 반복되고 보니 내가 뭔가 잘못

접근하고 있는 것 같았다. 잘못된 생각이 어리석은 행동을 낳는 것처럼 좋지 않은 부탁은 거절을 낳는다.

당시 내가 보냈던 메시지의 내용이다.

나 : 안녕하세요, 노래 너무 잘 듣고 있습니다. 혹시 괜찮으시면 한번 여기에 오셔서 노래해 주실 수 있으신가요?

버스커 : 감사합니다, 혹시 위치가 어디인가요? 무대와 장비 여건 그리고 공비가 있나요?

나 : 위치는 신림동 고시촌입니다. 가게는 8평이고 장비는 없습니다. 작은 가게라 공연비는 드릴 수 없지만 주류와 음식은 드실 수 있으십니다. 한번 와 주신다면 정말 감사드리겠습니다.

버스커 : (응답 없음)

전형적인 부탁 형식이다. 부탁이 아닌 '나의 나라로 정중히 초대'해야 했다. 초대하려면 나의 매력을 상대가 알도록 해야 한다. 또한 나의 제안이 상대에게도 의미 있어야 한다. 우선 나는 그동안 미뤄두었던 오픈 스토리와 다양한 각도에서 찍은 매장의 전경을 SNS 계정에 업로드했다. 그리고 이곳에서의 공연이 어떤 의미를 가질 수 있는지 정리해 보았다.

다음은 마인드를 바꾸고 다시 작성한 메시지이다.

안녕하세요.

위치와 공간에 구애받지 않고 아름다움을 추구하는 공간 믈랑mlrang입니다. 저희는 사법고시생 등 다양한 분야의 수험생이 주로 생활하는 대학동에 있습니다. 이렇게 메시지를 보내는 이유는 ㅇㅇㅇ님을 이곳으로 초대하고 싶기 때문입니다. 앞서 말씀드렸듯 여기에는 각종 고시를 준비하는 분들이 많습니다. 그들은 반복되는 일상과 시험에 대한 스트레스로 불안한 하루를 보내고 있습니다. 하지만 분명한 건 그들 중 일부는 결국 판사, 검사 혹은 정·재계로 나아가게 될 거라는 사실입니다. 만약 이곳에서 ㅇㅇㅇ님의 아름다운 음색을 꽃피워 주신다면 홍대나 이태원 같은 장소와는다른, 날 것 그대로의 감동을 전달해주실 거라 확신합니다. 만약 그렇게 된다면 지금의 고시생들은 사회에 나아가서도 특별한 경험을 주신 ㅇㅇㅇ님을 오래도록 기억할 것입니다. 비록 전문 공연장이 아니기에 준비된 장비가 없고 미흡한 부분이 많지만 함께 소통할 수 있는 공간과 음식은 준비돼 있습니다. 부디 건조한 마음을 따뜻하게 물들이는 시간을 함께하길 고대하겠습니다. 참고하실 수 있도록 SNS 주소와 매장 사진도 첨부드립니다.

감사합니다.

(SNS 주소 / 매장 사진 / 전화번호 첨부)

이 메시지를 보낸 이후 많은 답장을 받았다. 그리고 '개미와 배짱이'라는 버스커와 공연 일정을 잡을 수 있었다.

나는 '믈랑'을 단순한 펍이 아닌 '위치와 공간에 구애를 받지 않고 아름다움을 추구하는 공간'이라고 정의했다. 손님들에게도 '작은 공간

단골손님이 그려준 물랑

과 외진 위치에도 불구하고 철학을 꾸준히 이어나가는 매력적인 가게'
라는 인식이 만들어졌다. 단점이라고 생각했던 것이 관점의 전환으로
오히려 매력 포인트가 됐다.

요컨대 자신의 철학을 장사를 목적으로 작위적으로 꾸며 내면 절
대로 안 된다. 관점을 바꾸는 것과 관점을 바꾼 척하는 것은 완전히 다
르다. 꾸밈은 일관되게 오래 지속할 수 없다. 진정성이 깃들어야 꾸준
히 유지된다. 앞서 말했듯 나는 내가 장사를 한다고 생각하지 않았다.
오직 나만의 삶을 온전히 살기로 선택했을 뿐이다. 그렇기에 위 메시
지에 한 점의 거짓도 없었다. 진심은 늘 마음을 편안하게 해주었다.

깨달은 것

- 단점이라 생각하는 것이 오히려 개성이 될 수 있다.
- 배우지 않고 행하면 위험하고, 배우고 행하지 않으면 배우지 않은 것과 같다.
- 목표를 정했으면 실현되는 상황을 분명하고 생생하게 상상하라.
- 좋고 나쁨은 해석에 의해 결정된다. 어떻게 바라볼지는 스스로 선택하는 것이다.
- 꾸미지 마라. 요령은 지속하기 어렵지만 진심은 쉽고 영원하다.
- 창업이란 운영철학을 만들고 이뤄가는 과정이다.
- 자신의 업을 한 줄로 정의해보라. 규모는 개의치 마라. 어른이 된 모습을 상상하라.
- 온전히 당신의 삶을 살아가라. 그것이 가장 쉽고 자연스러운 차별화다.

어려움을
극복하면
유일해진다

토요일 4시, 드디어 버스킹 일정이 잡혔다. 그런데 기쁨도 잠시 또 다른 걱정이 밀려왔다. '버스커가 매장을 보고 실망하면 어쩌지?', '그 날 갑자기 버스커가 안 오면?', '버스커는 왔는데 손님이 없으면?', '손님들 반응 좋지 않으면?' 등등 상상만으로도 가슴이 먹먹하고 얼굴이 달아올랐다. 하지만 이렇게 부정적인 마음이 들 때 필요한 건 관점의 변화이다. '내 공간으로 초대하는 건데, 손님이 없으면 버스커에게 술이랑 음식을 대접하는 거지. 만약에 버스커가 안 나타나면? 손님들한테 내가 한턱내는 거지 뭐.' 이렇게 생각하니 금세 마음이 편해졌다.

드디어 당일이 됐고 버스커들이 도착했다. 통화를 자주 나누었던 터라 가게 사정을 잘 알고 있던 버스커들은 막힘없이 장비를 준비했다. 걱정과는 달리 손님들도 하나둘씩 모여들었다. 두근거리는 가슴을

손님들의 공간은 6평 남짓 매우 좁은 공간이다

안고 창문을 활짝 열어젖혔다.

매장 주변은 평범한 골목으로 백반집, 포차, 세탁소가 있고 거리를 지나는 사람들도 편안한 운동복 차림의 고시생들이 대부분이었다. 그런 곳에서 버스킹이라니. 신기하게 바라보던 사람들이 하나둘씩 모여들자 평범하던 가게 앞 골목길은 순식간에 인파로 북적였다. 가게의 위치가 반 층 높았기에 버스커들은 아래에 모여든 군중을 바라보며 공연을 이어갔다. 생각지도 못한 호응에 더 즐겁게 노래했고 그럴수록 사람들은 더 많이 모였다. 생전 처음 겪는 상황에 정신이 하나도 없었다. 흥분과 쑥스러움이 뒤섞인 기분은 미묘했다. 가게 밖 인파에 섞여 있을 때였다. 내 앞에 있던 여성분이 엉엉 우는 것이 아닌가.

"여기 뭐야. 사장님이 누구야?"

"제가 사장인데요. 왜 그러시죠?"

"사장님, 너무 감사드려요."

그 순간 등줄기를 따라 짜릿함이 느껴졌다. 말로는 표현할 수 없는 최고의 순간이었다.

이 여성이 느낀 감정이 홍대나 이태원과는 다른, '위치와 공간에 구애받지 않고 아름다움을 추구하는' 모습에서 전달되는 감동이라고 생각한다. 감동을 주기 위해 노력할 필요는 없다. 열악한 상황을 이겨내는 스토리 안에 감동이 담겨 있기 때문이다.

"감동은 어려움을 극복하는 과정 자체이다."

옹기종기 모여서 공연을 하다 보면 어느덧 모두 친구가 된다

만약 당신이 좋지 않은 환경과 상황에도 '그럼에도 불구하고' 당신만의 룰을 만들어갈 수 있다면 머지않아 '당신을 유일하게 만드는 스토리'가 완성될 것이다.

새로운 시도에서
신선한
바람이 분다

좁은 공간 안에 옹기종기 앉아 버스커와 손님의 거리를 좁혔던 것은 차별화의 요인이 되었다. 이날의 소문은 빠르게 퍼져나갔다. 오는 손님마다 다음 공연 일정을 물어보았고 소문 듣고 왔다면서 지방에서 방문하신 분도 계셨다. 동호회 모임과 근처 대학교에서는 대관 요청이 들어왔다. 한 팀 섭외하기도 힘들었던 공연은 버스커 커뮤니티에서 회자되어 플랑에서 한 번은 꼭 공연해야 한다는 글이 올라왔다. 매장으로 데모CD를 보내오는 사람, 사전 답사를 오는 사람, 다이렉트 메시지를 보내오는 사람 등 연일 공연 요청이 이어졌다.

특별한
전시회

    손님이 많아지고 바쁜 하루를 보내는 중에도 또 다른 특별한 순간을 만들어보고 싶었다. 문득 떠오른 건 '전시회'였다. 이유는 단순했다. 귀로 듣는 음악을 했으니 이번엔 눈으로 보는 전시회를 생각한 것이다. 하지만 이 좁은 공간에서 어떻게 전시회를 한단 말인가. 공연은 앉아서 보는 것이지만 전시는 사람들이 이리저리 움직이면서 봐야 한다. 그러기엔 매장이 너무 비좁았다. '어떻게 하면 특별하게 만들까?'

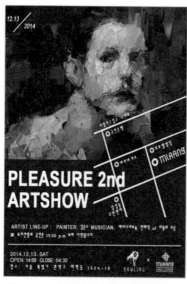

전시회 포스터와 매장 앞에 설치한 전시회 소식

작품 설치 중인 아티스트들의 모습, 김준수 작가의 작품

라고 고민하던 중 문득 '단 한 명을 위한 전시회'라는 개념이 떠올랐다. 전시장 안에는 오직 한 명 혹은 한 팀씩만 입장할 수 있다. 손님이 입장하면 작가는 작품을 소개한다. 전시장 안은 작가와 손님뿐이다. 이렇게 단 한 명을 위한 특별한 전시회가 완성된다. 이것은 좁은 공간이기에 가능했다. 크기나 규모는 하나의 조건이다. 좋고 나쁨은 어떤 관점으로 바라보는가에 따라 결정된다. 관점을 바꾸면 결과도 바뀐다.

성공을 경험하니 다음은 훨씬 수월했다. 이번 전시회는 아티스트 그룹 '하울링Howling'과 함께하게 되었다. 소식을 들은 몇몇 버스커들은 전시회 중간에 공연하기를 원했고 행사는 기대보다 한층 더 풍성해졌다.

맛보다 '경험'을
인테리어보다 '공간'을
가격보다 '가치'를
친절보다 '공감'을 이야기해야 한다.

맛이란 수천 개의 맛집 중 하나를 만들지만
경험은 '유일함'을 창출한다.

인테리어는 시간이 지나면 잊혀지지만
공간은 유일한 '스토리'를 만든다.

가격은 따라 하기도, 바꾸기도 쉽지만
가치는 따라 하기도, 부여하기도 어렵다.

공감 없는 친절은 가식이고
공감은 굳이 친절 하려는 수고를 덜면서도
고객의 마음을 여는 '가장 쉬운 노크'이다.

2018. 7. 21

버스커들과 공연 시간, 작은 공간이기에 더 특별하다

전시회는 오후 일찍 시작해서 저녁에는 버스커의 공연과 함께했다. 이후에는 작가와의 소통 시간으로 모든 일정은 마무리됐다. 많은 이야기가 오가며 순식간에 하루가 지나갔다.

손님의
의미

나는 나의 공간으로 손님을 '초대'했다. 방문한 손님에게 반갑게 인사했고 짧게라도 안부를 물었다. 손님이 가게를 나갈 때는 문 앞까지 배웅하며 멀어지는 손님을 향해 손을 흔들어 주었다. 이것이 과도한 친절이라고 생각하는가? 아니면 영업 스킬 혹은 매출을 올리기 위한 작위적 서비스 같은가. 만약 그렇게 생각한다면 스스로 질문해보자, 당신 집에 손님이 찾아오면 어떻게 응대하는가. 집에 어머니의 지인이 오거나 친구가 지인을 데리고 오거나 또는 동호회나 모임에서 알게 된 사람이 찾아온다면 어떻게 응대하고 배웅할 것인가. 그들 모두가 당신의 공간에 찾아온 '손님'들이다. 하물며 당신의 가게에 찾아와 돈까지 내주는 손님에게 더 감사하지 않을 이유가 없다.

음식을 팔기 전에 먼저 진심과 정성을 선물해라. 이것은 영업 메뉴얼이 아니다. 진정한 장사꾼은 배워서 되는 게 아니라 깨달음으로 완성된다.

온전한
나를 살다

매장에 전시된 드라이플라워, 캘리그라피 엽서, 캐리커쳐

그 이후에도 나는 도전했다. 드라이플라워, 캐리커쳐 작품, 캘리그라피 엽서도 전시했다. 나아가 손님이 작품을 구매할 수 있도록 작가와 연결고리 역할도 했다.

요컨대 판매를 위한 전시(행위)가 돼선 안 된다. 많은 사람이 이 부분을 잘 이해하지 못한다. 앞서 얘기했듯 나는 장사만 하는 사람이 되고 싶지 않았다. 장사를 통해 온전히 나의 삶을 살고 싶었다. 그러기에 관심을 외부가 아닌 나 자신으로 돌리고 마음이 이끄는 일을 하려고 했다. 앞으로 어떤 걸 해야 할지는 더 고민하지 않았다. 무엇이 되었건 남이 아닌 나의 마음에 귀 기울일 때 비로소 특별해진다는 걸 깨달았기 때문이다.

깨달은 것

- 크기와 규모는 조건일 뿐 좋고 나쁨으로 구분할 수 없다.
- 단점은 개성으로 승화된다.
- 관점을 변화하면 결과가 달라진다.
- 성공은 쌓일수록 더 쉬워진다. 작은 성공부터 쌓아가라.
- 특별함은 남이 아닌 자신에게서 나온다.
- 어려움을 극복해가는 이야기는 당신을 특별하게 만든다.
- 기분이 좋을 땐 누구나 활력 있게 행동한다. 그러나 기분이 나쁠 때 활력 있게 행동하는 건 아무나 할 수 없다.

결정했으면
아쉬움을
버려라

바쁜 하루를 보내고 있던 어느 날 저녁, 누군가 다가와 말을 걸었다.

"혹시 임형재 씨 맞으시죠?"

"네, 그런데 누구시죠?"

"혹시 개봉 초등학교 나오지 않으셨나요, 동창인 김동석이라고 하는데."

왠지 낯이 익은 얼굴이었다. 친하지는 않았지만 오가면서 마주쳤던 기억이 났다.

"아, 동석이 기억난다, 와 반갑다, 그런데 여기는 어쩐 일이야?"

"근처에 왔다가 이야기 듣고 한번 들러 봤어."

"아 그래, 이쪽에 앉아."

"청포도 맥주가 유명하다고 하던데 한 잔 줄래?"

혼자 운영하는 매장이었기에 깊은 이야기는 나눌 수 없었다.

"바쁜데 그만 가볼게."

"와 줘서 고마워."

"형재야, 나중에 이쪽으로 연락 줘."

명함에는 '프랜차이즈 인큐베이팅 전문업체'라고 쓰여 있었다.

뜻밖의
제안

신도림 쉐라톤 호텔 라운지 바에서 커피 한잔하자는 김동석의 연락을 받았다. 커피를 마시러 호텔 40층 라운지까지 온다는 게 내겐 사뭇 낯설었다.

"형재야, 나랑 프랜차이즈 해보지 않을래?"

알고 보니 동석이는 당시 200여 개 지점을 출점한 외식 브랜드 본사에서 근무하고 있었다.

"프랜차이즈 시스템은 내가 잘 알고 있고 영업도 내 전문 분야니까, 네 브랜드로 프랜차이즈 같이 한번 해보자."

사실 이전부터 프랜차이즈 형태로 매장 오픈이 가능한지 종종 문의가 왔다. 하지만 당시 나는 프랜차이즈 시스템의 구체적인 방법을 알지 못했고 확신도 없던 터라 실행에 옮기지는 못하고 있었다.

"내가 정말 많은 매장을 봐왔는데 형재 너라면 잘할 것 같아."

그날부터 생각이 깊어졌다. 언젠간 프랜차이즈 회사를 운영하게 될 것이라고 확신했지만 그때가 지금일 수 있다. 설렘과 기대, 두려움이 합쳐진 미묘한 감정은 심장을 두근거리게 했다.

'완벽한 때라는 건 없지, 그래, 해보는 거야!'

순탄하지 않은 출발

동석이는 자신의 매장을 내 브랜드로 바꾸고 싶다고 했다. 그는 프랜차이즈 회사의 임원이면서 개인적으로 홍대거리에서 고깃집도 운영하고 있었다. 가게의 위치는 좋지만 입지立地가 좋지 않았다. 입지란 매장의 얼굴과 같다. 위치가 좋아도 입지가 나쁘면 손님은 가게가 있는지도 모르거나 안으로 들어오기를 꺼린다. 좋은 상권인데도 장사가 안 되는 매장은 외관이나 구조가 끌리지 않는다. 입지가 좋지 않기 때문이다. 이 매장이 그랬다. 바로 앞은 2차선 차도였고 인도는 너무 비좁았다. 고개를 높이 치켜들어야 겨우 가게의 간판이 보였다. 아이템도 문제였다. 매장 바로 뒤편에 이름만 대면 알만한 블랑과 비슷한 컨셉의 펍이 있었다. 더군다나 높은 고정비에 비해 매출이 적어 심한 적자 상태였다. 여러모로 걸리는 게 많았다. 머리를 싸매고 고민해봐도 명확한 그림이 그려지지 않았다. 부담감은 커져만 갔다.

고민은 마지노선을 두지 않으면 꼬리에 꼬리를 물고 이어진다. 그래서 나는 무언가를 결정할 때 일정 기간을 정하고 그 시간 안에서만 고민한다. 마지막 시점이 되면 마음의 상태에 따라 결정한다. 이번에는 딱 3일만 고민하기로 했다.

결국 제안을 거절했다. 생생하게 상상할 수 없는 것은 결코 얻을 수 없다는 진리를 나는 알고 있었다.

새로운 나라를 만든다

다시 매장에서 바쁜 일상을 보냈다. 그 사이 동석이가 몇 번이나 매장에 찾아왔다.

"형재야, 브랜드를 만들어보자."

상권과 입지에 맞는 콘셉트와 아이템으로 새로운 브랜드를 기획하고 런칭하자는 얘기였다. '새로운 브랜드'라는 말에 도전 의식이 샘솟았다. 플랑에서 깨달은 성공의 법칙을 증명해보고 싶은 마음도 컸다. 하지만 망설여졌다. 플랑은 한 명이 운영할 수 있도록 최적화해 놓았기에 내가 아니면 운영할 수가 없었다. 새로운 브랜드 런칭 또한 집중하고 전념하지 않으면 이도 저도 아니게 될 게 자명했다. 어떤 선택이 현명한 것일까.

지금의 매장을 유지하면 마음은 편하고 즐겁겠지만 확장은 기대하기 어렵다. 확장하기 위해선 필수적으로 프랜차이즈 시스템을 알아야 하는데 그러려면 프랜차이즈 회사에서 경험을 쌓는 것 외에는 뾰족한 방법이 없었다.

고민 끝에 결국 프랜차이즈 경험이 있는 동석이와 새로운 브랜드를 런칭하기로 결정했다.

어떤 선택이든 아쉬움은 남는다. **가장 좋은 길은 후회가 없는 선택을 하는 것이다. 그러려면 진정한 심정 즉, 내면의 목소리에 귀 기울여야 한다. 고민은 머리로 하지만 결국 가슴이 결정하도록 맡겨야 한다.** 그리고 결정했다면 뒤돌아보지 말고 현재에 집중해야 한다.

"결정했으면 아쉬움을 버리고 그 선택을 올바르게 만들어가라."

물러선다고
지는 건
아니다

2014년 2월 오픈한 플랑은 2015년 10월 부로 모든 영업을 종료했다. 하지만 지금까지도 마음에 남아 언제나 새로운 것을 시도할 때면 동기가 되어준다. 매너리즘에 빠질 때는 초심을 잊지 않도록 해주고 있다. 2024년, 플랑은 더욱 성숙한 모습으로 재오픈을 준비하고 있다.

지금도 첫 매장을 오픈하던 그날을 기억한다. 그때의 설렘은 무엇과도 바꿀 수 없는 순수한 마음이다. **초심을 잃지 않으면 당신의 꿈은 현실이 된다. 당신이 무언가를 시작한다면 매 순간 느꼈던 감동을 가슴이 잊지 않도록 상기하며 쌓아가야 한다.** 촌스러운 옛날 일, 올챙이 적 시절 정도로 치부해선 안 된다. 사진을 찍어 놓거나 일기를 쓰는 것도 좋다. 영상에 담아 놓는다면 더 좋다. 추후에 이런 기록을 엮어 책으로 만들 것이라고 다짐하라. 당신의 열정이 식지 않도록 지속적으로

많은 이야기가 쌓인 공간, 믈랑

동기를 부여하고 감사한 마음을 유지하게 돕는다.

작은 성공이든 큰 성공이든 감동의 크기는 같다. 8평 매장에서 첫 손님을 받았을 때나 400호점을 달성했을 때나 모두 가슴 벅찬 순간이다. 미래가 보이지 않더라도 작은 성취로 하루를 채워가라. 어느 날 문득 성공이란 손님이 당신의 삶에 노크할 것이다.

깨달은 것

- 완벽한 시기는 없다. 완벽하게 만들어갈 길을 낼 뿐이다. 지금 시작하라.
- 고민은 끝이 없다. 고민의 기간을 정하라.
- '한다', '안 한다', '보류한다' 이 모든 것은 '결정'이다. 다만 '보류'의 경우 차후 논의 시기를 정해두어야 한다.
- 생각은 머리로 하되 결정은 마음의 소리를 따르라.
- 선택했으면 그것을 올바르게 만들어가는 것에만 집중하라.
- 초심을 잃지 마라. 작은 성공을 쌓아가다 보면 결국 큰 성공도 따라온다.
- 작은 성공을 기록하라. 그것은 당신을 동기부여 해주고 감사한 마음을 유지할 수 있게 한다.
- 작은 성공의 기록을 엮은 당신만의 책을 준비하라.

PART 3

머리로 고민하고
가슴으로
결정한다

初心力

무언가를 시도하기 전에는 불안이 밀려든다. 다음 상황이 어떻게 펼쳐질지 모르기 때문이다. 하지만 자신만의 기준이 명확하다면 어떤 환경에도 결국 올바른 방향으로 상황은 전개된다. 처음 생각했던 모습은 아닐 수 있다. 하지만 생각했던 대로 일이 진행되지 않는다고 반드시 나쁜 것만은 아니다. 중요한 건 결국 올바른 목표에 다다르는 것이다. 진짜 문제는 생각했던 것과 달라지는 것을 나쁜 것이라고 규정짓는 마음이다. 올바르게 생각했다면 그다음은 그냥 내버려 둘 용기도 필요하다.

좋은 아이디어를
얻기 위한
3단계

새로운 브랜드 구상에 고심하던 2016년 어느 날, 우연히 지인과 대화를 나누던 중 인천 구월동에 있는 연어 무한리필 가게 소식을 들었다. 항상 손님들로 문전성시를 이룬다는 그 가게는 1인 기준 14,900원만 내면 신선한 연어를 마음껏 즐길 수 있다고 했다. 우리는 바로 그곳을 방문했다.

레트로 풍 외관의 가게는 저녁 7시인데도 대기표를 받아야 했다. 차례가 돼 안으로 들어가자 디자인과 콘셉트에 신경을 많이 쓴 인테리어가 한눈에 들어왔다. 프랜차이즈로 나아가기 위해 기획했다는 것을 짐작할 수 있었다(이곳은 실제로 이후에 20여 개의 매장을 오픈했다). 메뉴는 단순했다. 몇 가지 타입의 연어 무한리필 코스와 약간의 곁들임 메뉴로 구성돼 있었다. 연어는 신선했다. 주문한 음식들을 골고루 맛본 후

일행과 함께 자리에서 일어났다.

돌아오면서 연어 가게의 예상 매출과 마진율, 콘셉트에 관해 얘기했다. 만약 우리가 저 매장을 운영한다면 어떤 식으로 운영할 것인가. 인테리어는 어떻게 할 것이며 어떤 유니폼을 입고 있을 것인가. 하나씩 생생한 모습을 그려보니 심장이 두근거렸다. 상상의 문 안으로 한 발 들어선 것이다. 이것은 신호였다.

다음 날, 나는 관련 정보를 찾기 시작했다. 손님에게 연어를 무한으로 제공하려면 연어를 직접 손질하는 건 불가능하다. 매장을 방문했을 때 연어를 손질하는 직원의 모습은 볼 수 없었다. 손질된 연어를 납품받는 곳이 있을 것이다. 당장 연어 납품 업체를 수소문했다.

이후 며칠간 고민과 검토를 한 끝에 연어 무한리필 매장을 오픈하기로 결정했다. 그렇게 새로운 도전은 시작됐다.

| 메뉴 구성

단순히 연어 무한리필만으로는 기존의 업체와 차별화될 수 없었다. 연어와 궁합이 맞는 다른 메뉴를 구상해야 했다. 연어가 '바다'를 나타낸다면 '육지'를 나타내는 것이 무엇이 있을까? '육회!'였다.

이렇게 연어와 육회 세트 구성이 탄생되었다.

시그니처 메뉴인 육회&연어 세트

육회와 연어를 갖은 야채와 함께 플레이팅 하니 보기 좋고 먹기에
도 궁합이 좋았다. 차별화된 시그니처 메뉴로 전혀 손색이 없었다. 메
인 메뉴가 정해지자 곁들임 메뉴로 어떤 것이 좋을지 고민했다. 메인
메뉴만큼이나 곁들임 메뉴도 중요하다. 곁들임 메뉴의 구성이 좋아야
다양한 메뉴 조합이 가능하고 손님은 더 다양하게 즐길 수 있다. 이렇
게 되면 재방문 주기가 빨라지고 평균 객단가도 높일 수 있다. 가랑비
에 옷 젖는다는 뜻이다. 좋은 영화를 보면 주연 못지않게 빛나는 조연
이 있다. 메뉴 구성도 마찬가지다. 메인 메뉴만큼 빛나는 곁들임 메뉴
가 있어야 한다.

┃ 네이밍

나는 아이디어가 필요할 때 다음 순서대로 한다.

1) 주변 지인들에게 물어본다. 평소 이런 쪽에 센스있는 지인을 알
   아두면 좋다.
2) 떠오르는 것을 메모지에 모두 적어 둔다.
3) 인터넷, SNS, 간판, 전단지, 배너를 보면서 조금이라도 느낌이
   오면 모두 적어놓는다.
4) 지금까지 모아놓은 단어들을 용지 한 장 안에 아무렇게나 나열
   한다.
5) 용지 안에 단어들을 다양한 방향으로 반복해서 읽어 본다.
6) 만약 느낌이 오지 않는다면 1번부터 다시 진행한다.
7) 아웃풋을 위한 집중은 최대 2시간을 넘기지 않도록 한다.
8) 집중 후에는 반드시 산책(걷기), 운동, 샤워로 긴장을 푼다.

여기서 '인풋'이란 자료 찾기, 독서, 공부, 분석, 계산, 암기 등 '정
보를 습득'하는 것인데 오래 집중할수록 좋다. '아웃풋'은 아이디어 내
기, 솔루션 찾기, 기획서 작성 등 '정보를 만들어 내는 것'이고 일정 시
간 집중하면 그 이상 창의적인 생각이 떠오르지 않는다. **좋은 아이디**

어는 주로 아웃풋 이후 긴장을 풀어 줄 때 반짝인다.

> **▶ 좋은 아이디어를 위한 3단계 ◀**
> ① 많은 시간의 인풋 → ② 짧은 시간의 아웃풋 → ③ 긴장 풀기
> ┃ ① ~ ③ 반복한다 ┃

업무 중에는 인풋보다는 아웃풋이 더 효율적이다.

이번 브랜드의 상호를 정하기 위해 브랜드 키워드와 메뉴, 대표 단어를 아이디어 보드에 적어놓았다.

> 키 워 드 - 가성비, 저렴한, 가벼운, 즐거운, 유쾌한
> 메　　뉴 - 육회, 연어
> 대표 단어 - 유쾌한, 육회, 연어

위 내용을 토대로 브레인스토밍 형식으로 네이밍을 전부 나열한다. 다소 유치하더라도 최대한 많이 아웃풋 하는 것이 중요하다.

• 후보 네이밍

육회랑 연어랑 | 육회연어본가 | 육연본가 | 육연상회 | 육연 | 연육상회 | 유쾌한 연어육회 | 육회왕자 연어공주 | **육회한 연어** | 육회연가 | 연어육회 공판장 | 연어시 육회동 | 육회시 연어동 | 육회는 연어처럼 | 육회있는 연어마을 | 육연선생 | 육연포차 | 육연마을 | 육연비어 | 유쾌한 육연가

대표 단어를 뽑아놓고 좌우, 대각, 위아래 등 여러 방향으로 계속해서 읽는다. 그러면 한눈에 들어오는 단어 조합이 있다.

최종 선택 - "육회한 연어"

언어유희로 재밌게 풀어낸 단어가 바로 '육회한'이다. '유쾌하다'를 연상시키는 이 단어는 메인 키워드인 '즐거운, 가벼운'과도 의미가 잘 맞았다.

주변 지인들의 반응도 좋았다. 결국 '육회한 연어'를 브랜드 상호로 최종결정했다.

육회한 연어 로고

| 인테리어

　인테리어 디자인에는 **'기능적 요소'와 '공간적 요소'가 함께 반영되어야 한다.** 기능적 요소란 매장 운영을 효율적으로 하기 위해 조리대, 수납장, 거치대의 기능이 잘 연계되도록 동선을 최소화하고 이동과 움직임이 편리한 위치로 배치하는 것이다. 공간적 요소란 고객과 직원의 동선이 겹치지 않도록 구분하여 최적의 브랜드 경험을 선사하는 것을 말한다. 디자인은 위 두 가지 요소를 먼저 판단한 후 그 위에 '입히는 것'이다. 쉽게 예를 들면, 집에 들어왔는데 신발장이 없거나 손에 닿기 어려운 곳에 수납장이 있거나 침대 놓을 공간 옆에 음식물 쓰레기통이 있다면 어떻겠는가, 또는 주방에서 요리할 때 쓰는 가위가 옷 방에 있다거나 방 두 개를 건너야만 화장실을 갈 수 있다면 많이 불편할 것이다. 그러므로 인테리어를 할 때는 기능적 요소와 공간적 요소를 고려

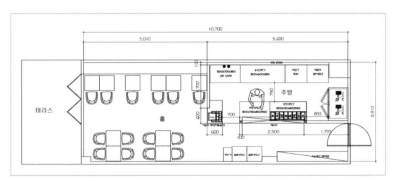

도면을 활용하면 구체적으로 판단할 수 있다

해 적용해야 한다. 이러한 요소가 배제되면 불편함을 감수해야 함은 물론, 이후 다시 보완해야 하기에 시간과 비용이 낭비된다.

인테리어할 때 나는 다음 순서대로 한다.

1) 평소 여러 매장을 다니면서 인테리어에 관심을 갖는다.
2) 느낌이 오는 사진이나 영상은 저장해 놓는 습관을 들인다.
3) 인터넷, SNS, 핀터레스트(www.pinterest.co.kr)를 보면서 조금이라도 느낌이 오는 것은 모두 저장한다.
4) 지금까지 모아놓은 사진들을 출력해서 벽면(아이디어 보드)에 아무렇게나 붙여놓는다.
5) 벽면의 사진들을 다양한 방향으로 반복해서 본다.
6) 만약 느낌이 오지 않으면 1번 혹은 3번부터 다시 진행한다.
7) 아웃풋을 위한 집중은 최대 2시간을 넘지 않도록 한다.
8) 집중 후에는 반드시 산책(걷기), 운동, 샤워로 긴장을 푼다.

인테리어 역시 네이밍하는 방법과 동일하다. 이외에도 나는 모든 아이디어를 이 방법으로 찾는다.

"생각하고, 긴장 풀고, 아이디어를 얻는다."

아이디어 보드, 참고할 모든 자료를 벽면에 붙인다

업종을 불문하고 인테리어는 많은 역할을 한다. 하지만 많은 예비 창업자가 인테리어를 단순히 예쁘게 디자인하는 것 정도로만 생각하는 것 같다. 그렇기에 기능과 공간에 대한 고민보다 저렴한 시공에 더 많이 신경 쓴다.

인테리어는 브랜드 아이덴티티identity(다른 브랜드와 차별화하고 독립적인 특징을 나타내는 것)를 고객에게 직관적으로 전달하는 중요한 역할을 한다.

그래서 최소한 알고 있어야 할 부분을 정리해 보았다.

• **파사드**(=익스테리어, 매장 외부)

매장의 외관으로 간판, 입구 등을 말한다. 파사드는 매장의 얼굴이다. 고객은 매장의 내부보다 외부를 먼저 인식하므로 어떤 면에서 인테리어보다 더 중요하다. 사람도 첫인상이 좋으면 대화가 편하듯 매장도 파사드가 좋으면 더 긍정적인 인상을 줄 수 있다.

좋은 파사드는 멀리서도 잘 보이고 간판 등 디자인물과 잘 어우러지며 주변 매장과 차별화된다. 무슨 매장인지 쉽게 알 수 있고, 내부 인테리어와 통일감이 있으며 외부 환경에 사용이 적합한 마감재를 사용한다.

- **홀**(=객실)

동선과 공간 계획에 따라 일하는 직원의 컨디션과 고객의 매장 경험에 영향을 미친다. 고객 동선과 직원 동선을 최대한 겹치지 않게 하자. 메뉴의 특성에 따라 적절한 넓이의 테이블을 써야 하며 알맞게 좌석을 배치해야 한다. 고객들 간 편의를 위해 테이블 사이의 거리와 방향이 고려되어야 하고 직원들의 대기 장소는 홀 서비스를 원활하게 할

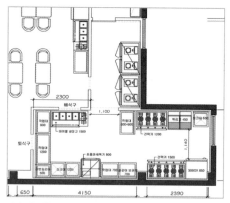

평면도를 활용한 주방 시스템 확인

수 있는 곳에 있어야 한다. 메뉴판 등 디자인물과 소품들은 손님의 동선과 위치에서 보이기 쉽게 배치해야 한다.

• 주방

주방은 크다고 좋은 것은 아니다. 좁아서 나쁜 것도 아니다. 불필요하게 넓은 주방은 이동 동선이 길어지고 좁은 주방은 동선이 혼잡스러워 업무 피로도가 증가한다. 이것은 서비스의 질적 하락과 인건비 상승을 초래한다.

좋은 주방은 홀의 규모, 배달 및 포장 매출, 메뉴의 특성을 판단해 최대 매출에 부합하도록 세팅된 주방이다. 조리공간, 보관공간, 플레이팅 및 포장 공간, 설거지 및 뒤처리 공간 등 각 기능 간에 최소한의 움직임으로 원활하게 운영되도록 주방 시스템을 갖춰야 한다.

• 카운터(=계산대)

매장의 전체적인 현황을 관리하는 곳이다. 주문 및 판매현황과 조리 진행 상태를 확인하고 홀 서비스에서 놓치는 것이 없는지 체크해야 한다. 외부에서 오는 문의 및 배달·포장 주문을 접수하고 내점 고객과 퇴실 고객을 안내한다. 전기, 조명, 냉난방기, 인터넷을 관리할 수 있고 POS를 설치해서 계산해야 한다. 위치는 직원이나 내점 고객의 이동이 혼잡하지 않도록 최대한 벗어나 있으면서 매장 전체 상황을 한눈에 파악할 수 있는 위치가 좋다.

지금까지 많은 매장의 인테리어를 진행했지만 똑같은 상황은 별로 없었다. 다만 위에서 언급한 '아이디어를 얻는 생각법'과 '인테리어의 기본 개념'만 알고 있으면 어떤 현장이든 상황과 여건에 맞게 진행할 수 있다. 모르는 건 문제가 되지 않는다. 찾으려고 마음만 먹으면 정보는 많다. 상태와 조건이 다르더라도 근본을 이해하면 이것 역시 문제가 되지 않는다.

깨달은 것

- 주연만큼 중요한 건 '빛나는 조연'이다.
- 아이디어는 단순히 고민한다고 얻어지는 것이 아니다.
- 양질의 아이디어는 '인풋 → 아웃풋 → 긴장 풀기' 루틴을 통해 얻을 수 있다
- 인테리어는 디자인뿐만 아니라 기능과 공간 계획을 판단해서 진행해야 한다.
- 모르는 것은 문제가 아니다. 자신이 무엇을 모르는지 모르는 것이 진짜 문제다.
- 상황과 여건이 다르더라도 근본을 이해하면 결국 해결 방법은 나온다.

내버려 둘
용기
(Let it be)

"헐어버리자."

"아까워. 손님 더 받아야지."

"아냐, 전부 다 가져갈 순 없어, 중요한 걸 선택해야 해."

공간을 넓게 쓰려고 인도 가깝게 돌출돼 있던 매장의 전면을 과감하게 헐어버리기로 했다. 공간을 포기하고 눈에 잘 보이기(가시성)를 선택한 것이다.

"철거하면 모양이 괜찮을까? 더 이상해지면 어쩌지?"

"결심했으면 해야지. 걱정은 그다음에 해도 돼. 문제가 생겨도 방법은 분명 있을 거야"

무언가를 시도하기 전에는 걱정 반 우려 반 불안이 먼저 찾아든다.

다음 상황이 어떻게 펼쳐질지 모르기 때문이다. 하지만 자신만의 기준이 명확하다면 어떤 환경과 조건에도 결국 올바른 방향으로 상황은 전개된다. 물론 처음 상상했던 모습 그대로는 아닐 수 있다. 하지만 생각했던 대로 일이 진행되지 않는다고 나쁜 것만은 아니다. 중요한 것은 결국 올바른 목표에 다다르는 것이다.

> "진짜 문제는 생각했던 것과 달라지는 것을
> 나쁜 것이라고 규정짓는 마음에서 비롯된다.
> 올바르게 생각했다면 그다음은
> 그냥 내버려 둘$^{Let\ it\ be}$ 용기도 필요하다."

잘못된 완벽주의는 완강한 고집일 뿐이다. 그것은 발전적 변화를 가로막는다. 변화와 발전이 없는 사람들을 보라. 그들은 자신이 생각한 대로 상황이 흘러가지 않을 것을 두려워하기에 아무런 시도도 하지 않는다. 하지만 어떤 일이든 처음 계획한 그대로 상황이 흘러가는 경우는 거의 없다. 당신이 내린 결정은 그 시점에서 가장 최선이었음을 믿어야 한다.

| 성공의 조건

전면 테라스를 철거하고 나니 생각보다 파사드가 괜찮았다. 다른 점포에 비해 안으로 들어간 위치였지만 인도가 좁았기에 오히려 플러스 요인이 됐다.

테라스가 있던 위치에 야시장 느낌의 조명을 설치했다. 파사드가 편안한 어시장의 느낌이었으므로 인테리어도 비슷한 감성으로 진행했다. 인테리어 착공 전 아이디어 생각법으로 충분히 검토를 마친 상태라면 더 이상 고민하지 않는다. 현장의 상태에 따라 임기응변으로 적용해나가다 보면 기대했던 것보다 더 좋은 결과물을 얻을 수 있다.

매장 전면을 전부 철거했다

내부 시공 과정, 전·후 사진

대부분의 고민은 생각한 대로 상황이 흘러가지 않을 때 발생한다. 속는 셈 치고 내 말을 믿어 보라. 아이디어 생각법 루틴 후에는 믿음과 용기를 바탕으로 상황에 따라 임기응변하면 진행 과정도 훨씬 수월하고 더 좋은 결과물도 얻는다.

▶ **성공의 조건 4단계** ◀

① 충분한 준비 → ② 믿음 → ③ 용기 → ④ 임기응변

| ①~④반복한다 |

본능과 멀어질 때
성공과
가까워진다

드디어 두 번째 오픈 날이다. 첫 오픈 때와 마찬가지로 기대와 떨림이 뒤섞인 복잡미묘한 기분이었다. 최선을 다해 준비하고 시작했으니 이제부터 펼쳐지는 상황에 따라 올바른 선택만 해나가면 된다. 나머진 순리대로 흘러갈 것이다.

오픈하자마자 연일 만석에 대기줄이 늘어섰다, 우측 하단 나

손님이 없어 적자에 허덕이던 매장은 연일 만석에 대기줄이 늘어섰다. 모든 게 일관적으로 집중했던 느낌 그대로 펼쳐졌다. 나는 안 좋은 상황에서도 성공했을 때의 기분을 잊지 않으려고 의식적으로 노력한다. 그래서 상상했던 상황이 눈앞에 펼쳐져도 놀라거나 들뜨지 않는다.

그렇다고 성공을 기뻐하지 말라는 것이 아니다. '도착할 줄은 알았지만 너무나도 갖고 싶었던 물건'을 감사히 받았을 때처럼 겸허해야 한다는 것이다.

성공이 어려운 이유 중 하나는 주변 사람들 대부분이 안 되는 이유를 훨씬 많이 이야기하기 때문이다. 친밀한 관계이든 아니든 상관없다. 큰 성공을 이뤄보지 못한 사람이 성공할 수 없는 이유에 집중하는 것은 어쩌면 당연하다. 그렇지 않았으면 이미 성공한 상태일 테니까. 그래서

지그재그 형태로 길게 늘어선 대기줄

'성공하고 싶으면 성공한 사람들 속으로 들어가라'는 말이 있다.

그런데 왜 많은 사람이 성공한 사람보다 친한 사람의 말에 더 귀 기울일까. 여기에는 유전학적인 이유가 있다. 원시시대에는 무리에서 인정받지 못하고 쫓겨난다는 건 죽음을 뜻했다. 무리에서 벗어나는 순간 야생의 짐승이나 또 다른 무리에게 공격을 받기 때문이다. 현대에 이르러서도 인간의 유전학적 요소는 그때와 별반 달라진 것이 없다. 지금은 무리에 동의를 구하지 않아도 생존이 가능하다. 그러나 원시적 본능이 무리(주변인)에게 인정받고자 하는 욕구를 일으키는 것이다. 당신이 다음 레벨로 가기 위해 도전할 때 누군가는 응원보다 실패를 바라는 이유도 여기에 있다. 구성원이 무리를 떠난다면 집단의 힘이 약해지므로 그것을 막고자 하는 원시적 본능이다.

만약 인간이 계속해서 원시적 본능을 따랐다면 아직도 원시생활을 하고 있을 것이다. 그러나 무의식적 본능을 억누르고 의식적으로 다른 선택을 해온 결과가 현재의 모습이다. 실제로 어떤 분야에 성공한 사람이나 큰 영향을 끼친 사람은 본능에 반하는 결정을 했다. 그러므로 어떤 것을 선택하기 전에 자신에게 질문해보라.

"나의 선택은 본능과 관성에 의한 것인가,

아니면 올바른 기준에 의한 것인가."

깨달은 것

- 생각했던 것과 다르게 진행된다고 나쁜 상황은 아니다.
- 올바르게 생각했다면 내버려 둘Let it be 용기도 필요하다.
- '잘못된 완벽주의'는 발전적 변화를 가로막는 주된 요인이다.
- 충분히 준비했다면 믿음과 용기를 가지고 매 순간 적절하게 대응하라.
- 안 좋은 상황에도 목적을 달성한 상태에서 느낄 수 있는 기분을 잊지 마라.
- 성공하고 싶으면 성공한 사람들 속으로 들어가라.
- 성공은 범접할 수 없는 특별함으로 얻는 것이 아니다.
- 성공의 느낌은 '도착할 줄은 알았지만 너무나도 갖고 싶었던 물건'을 받은 것 처럼 겸허해야 한다.
- 스스로를 관찰(메타인지)하고 관성과 본능을 멀리하라.

먼저
도와야
얻을 수 있다

"이름만 보고 결정했습니다."

40평대 고깃집을 운영하는 이분은 '육회한 연어' 상호만 보고 가맹을 결심했다고 찾아왔다. 별달리 광고도 하지 않았는데 알고 찾아와주니 신기하면서 기뻤다. 예전 블랑을 운영할 때도 가맹 문의는 있었지만 체계를 갖추지 못한 상태였기에 거절할 수밖에 없었다. 하지만 지금은 체계도 잡혔고 모든 준비도 마친 상태라 기꺼이 계약을 맺었다. 이렇게 첫 프랜차이즈를 사업이 시작되었다. 장사에 입문한 지 불과 2년 만의 일이다.

영업?
그런 건 없다

나는 주로 디자인, 인테리어 구상, 브랜딩 구축같이 기획에 관련된 일을 했다. 여기에 더해 고객 상담 역시 나의 일이라고 생각했다. 브랜드 스토리를 잘 알고 있으니 누구보다 자신 있게 설명할 수 있었다. 예전 영업일을 할 때 깨달은 것이 있다.

> "팔려고 하면 팔지 못할 것이다. 단지 도와라,
> 그러면 그들은 기꺼이 살 것이다."

단지 점포를 늘리기 위한 가맹 상담이 돼선 안 된다. 좋은 상담은 브랜드를 찾아주신 분에게 감사한 마음으로 '도움이 돼 드리는 것' 자체를 목적으로 해야 한다. 영업이란 '사람의 마음을 얻는 것'과 같아서 달라고 하면 얻을 수 없고, 진심 어린 도움을 먼저 줄 때라야 비로소 상대의 마음을 얻을 수 있다. 그렇기에 우선 성급한 마음을 내려놔야 한다. 서로가 도움이 되지 못한다면 관계는 오래가지 못한다. **설령 이익이 발생해도 불안하게 연결된 관계는 미래를 예측할 수 없다. 그 결과 양측 모두에게 리스크가 된다.**

다음은 좋은 상담을 위한 나의 몇 가지 제안이다.

• 경청하기

아이러니하게도 **사람은 들으면서 고민을 해결하는 것이 아니라 말하면서 스스로 해결책을 찾는다. 들어주기만 했는데 상대는 당신에게 영감을 받았다고 느낀다.** 더불어 깊은 유대감도 형성된다. 만약 성공한 사람의 이야기를 경청한다면 그것은 돈보다 귀하다. 하지만 집중해서 듣는다는 건 생각보다 쉽지 않다. 의미를 해석하고 이해하는 과정이 피곤하기 때문이다. 하지만 돌아오는 효과는 훨씬 크다. 경청은 오직 얻기만 있을 뿐 잃는 건 하나도 없다.

• 도움 될 수 있는 부분 생각하기

상대방을 어떻게 도울 수 있을지 생각하면 상담에 동기와 열정이 생긴다. 반면 어떻게 팔지를 생각하면 상담 내내 기회를 엿보느라 마음이 초조해진다. 상담 시간이 길게 느껴지고 대화는 지루해진다. 반응은 부자연스러워지고 이야기는 경직된다. 그럴수록 상대는 마음의 문을 닫는다.

똑같은 상담이지만 어떤 마음으로 다가가느냐에 따라 결과가 달라진다. 원하는 것이 있다면 달라고 하지 말고 무언가를 먼저 주어야 한다. 그것이 관심이든 칭찬이든 도움이든 돈이든 간에 말이다. 이것이 세상의 이치다.

• 상대방 입장 돼보기(역지사지)

경청과 같은 맥락의 말이다. 경청은 단순히 이야기를 잘 들어주는 것만이 아니다. 상대의 입장에서 상황을 느껴보는 것이다. 머리가 아닌 감정으로 상대방을 이해하면 무엇이 필요한지 정확하게 알 수 있다. 역지사지는 노력이 필요한 게 아니다. 영화를 보거나 음악을 들을 때처럼 의도하지 않아도 자연스럽게 이입되는 것이다. 역지사지가 안 되는 이유는 상대방의 입장보다 자신이 원하는 것에 더 관심을 두고 있어서다. 의식적으로 노력하지 않으면 간절할수록 본능은 자신의 감정만 좇게 된다.

• '공감'과 '동감' 구분하기

공감은 '상대방의 마음을 느껴보는 것'이고 동감은 그 마음이 '옳다고 동조하는 것'이다. 이 둘은 엄연히 다르다. 이를 같은 것이라 착각하면 문제가 된다.

공감 ≠ 동감

공감은 내용의 옳고 그름을 떠나서 상대방을 정확하게 분석하기

위해 반드시 필요한 과정이다. 하지만 마음의 중심이 바로 서지 못한 사람은 공감을 동감으로 느낀다. 상대방에게 일방적으로 동화되거나 반대로 공감 없는 자기주장만 펼치게 된다. 특히 협상같이 대립하는 상황에서 이런 대화는 시간과 에너지만 낭비된다. 논어(논어, 제13편, 자로편)에 이런 말이 나온다.

"군자화이부동君子和而不同, 소인동이불화小人同而不和."

군자는 조화롭게 잘 어울리지만 반드시 같기를 요구하지 않고, 소인은 반드시 같기를 요구하지만 조화롭게 어울리지 못한다는 뜻이다. **상대방을 제대로 알기 위해선 공감해야 한다. 동감은 그다음의 문제다.** 이를 정확하게 인식 못 하면 우리의 무의식은 공감과 동감을 같은 것으로 생각해 한쪽으로 치우친 판단을 하게 된다.

· 효과적으로 설득하기

몸에 좋은 약도 먹지 않으면 무익하다. 그러나 아무리 몸에 좋아도 쓰면 먹고 싶지 않다. 옳은 주장도 강요하면 쓴 약이 된다. 대화할 때는 언제나 동행자의 마음으로 눈높이를 상대에게 맞춰야 한다.

"좋은 상담자는 가르치려 하지 않는다. 자연스럽게 이끌 뿐이다."

'경청-역지사지-공감'으로 이어지는 대화는 상대방의 마음을 열고 올바른 방향으로 상황을 이끌어준다. 상담 혹은 협상 전에 만족스러운 결과로 마무리된 모습을 상상하고 그 기분을 유지하라. 이것은 좋은 아이디어를 떠오르게 하고 대화의 윤활제가 되어 최선의 결과로 이끌어 준다.

노력을
확장하면
성공한다

일이 순조롭게 진행돼도 현재에 매몰되어 다음 단계를 준비하지 않으면 결국 원점으로 돌아간다. 성공이란 고무줄을 목표지점까지 당기는 것과 같다. 중간에 힘을 잃으면 다시 원점으로 되돌아가거나 오히려 고무줄이 튕겨져 나를 다치게 한다.

첫 성공이 어려운 이유는 다음에 무엇을 해야 하는지 알 수 없는데 능력은 계속 키워가야 하기 때문이다. 현재 하는 일을 내려놓고 다음 일에만 집중하면 좋겠지만 성공은 그런 방식으로 오지 않는다. 하던 일도 계속 잘해가면서 새로운 일도 똑같이 잘해 내야 한다. 그러니 다음 단계가 무엇인지 구체적으로 알 수 없는 상황이라면 더 힘들다. 불확실성을 바탕에 깔고 능력의 한계치를 계속 높여야 성공할 수 있다.

이것은 상당한 스트레스와 두려움을 동반한다. 따라서 확고한 믿음과 용기는 성공의 필수요소이다.

또 다른 이유는 한계 설정이다. 시간은 한정적이고 몸은 하나인데 새로운 일을 어떻게 계속 습득하고 처리할 수 있겠는가. 이런 생각은 자신도 모르게 새로운 업무나 과제에 저항감(현상 유지 편향)을 갖게 한다. 하지만 그런 걱정은 하지 않아도 된다. 인간은 복잡한 일도 익숙해지면 자동화시키는 능력이 있다.

당신은 이미 그렇게 살고 있다. 생각하지 않아도 목에서 나오는 소리로 언어를 구사하고(말하기), 들은 것을 이해할 수 있으며(듣기), 문자를 활용하여 의사를 전달하고(쓰기), 해석할 수 있다(읽기). 또한 운전하고 자전거 타는 등 전부 나열하기도 어려울 만큼 많은 능력을 자신의 자동화 시스템에 입력해 두었다. 이것들은 당신이 회사에서 새로 담당하게 된 업무보다 훨씬 어려운 일들이다. 우리 몸은 낯설 때는 힘들지만 익숙해지면 에너지 효율을 최적화한다. 그러므로 당신이 자동화 시스템을 이해하고 활용할 수 있다면 한계를 극복할 수 있다.

많은 사람이 열심히 살면 성공한다고 믿는다. 이 말이 사실이라면 세상 사람 대부분은 성공했어야 한다. 어제와 '똑같이 열심히' 해서는 성공할 수 없다. 지금까지 해온 일을 열심히 하는 것과 더불어 다음 단계로 도약하기 위한 노력을 추가해야 한다. 임의의 수치로 예를 들어 보겠다.

• 노력 범위의 확장

· 내가 장사를 잘한다면

- 내일은 장사를 오늘보다 더 잘하고 동시에
  (+100)
- 프랜차이즈화 시스템 구축을 위해 모르는 것을 알아보고 준비한다.
  (+100)

200

· 내가 환경미화원이라면

- 누구보다 청결하게 청소를 잘하면서 내일은
  (+100)
- 청소를 오늘보다 더 잘하는 것과 더불어 청소 장비를 개발하거나 환경에 도움이 되는 시스템을 구축하기 위해 노력한다.
  (+100)

200

성공하지 못하는 이유는 노력의 범위를 확장하지 않고 분산하기 때문이다. 노력의 범위를 분산하는 사람은 이것저것 눈에 보이는 대로 일한다. 그로 인해 스스로 남들보다 더 많이 일한다고 생각하지만, 사실은 집중력이 분산될 뿐이다. 노력 분산의 예를 들어보고 확장으로 전환해보겠다.

• **노력 범위의 분산 → 확장으로 전환**

[분산]

· **나는 콘텐츠 부서의 총괄이 되고 싶은 영상 미디어 담당자다.**

- 기획 업무와 타부서 소통이 미흡해 자주 지적받는데
  (-100)
  그 이유는 내가 영상 편집에 집중하고 있기 때문이라 어쩔 수 없다.
  (+100)

  0

- 영상 편집을 지금보다 소홀히 하면 기획과 소통을 잘할 수 있다.
  (-100)   (+100)

  :
  :

[확장]

· **나는 콘텐츠 부서의 총괄이 되고 싶은 영상 미디어 담당자다.**

- 나는 최고의 영상을 만들기 위해
  하루에 한 시간씩 최신 영상 기법을 공부한다.
  (+100)
  상대적으로 짧아진 업무 시간에 최대한 업무효율을 높이기 위해
  [집중 중입니다]라는 표시 활용을 건의해놓은 상태다.

  200

- 더불어 참신한 콘텐츠를 기획하기 위해 출근 후 한 시간은 새로운
  커뮤니티를 서칭한다. 타 부서와 원활한 소통을 위해 회사 전체 스
  케줄과 상급자 일정을 체크하여 알맞게 업무를 처리하고 있다.
  (+100)

＊ 다음 단계를 위해 지금 하는 일도 잘하고 다음 일도 잘할 수 있도
록, 효율적인 방법을 계속 찾고 배운다.

[분산]

· **나는 외식 기업의 팀장이 되고 싶다.**

- 상급자 소통과 메뉴 개발이 미흡한 이유는
    (-100)
  매장 운영에 집중하기 때문이라 어쩔 수 없다.
    (+100)

- 매장 운영을 지금보다 소홀히 하면
    (-100)
  상급자 소통과 메뉴 개발을 잘할 수 있다.
    (+100)

:
:

0

[확장]

· **나는 외식 기업의 팀장이 되고 싶다.**

- 나는 매일 최고의 매장을 만들기 위해 노력하며 더 좋은 매장을 만
  들기 위해 하루에 한 시간씩 최신 장사 노하우를 공부하고 있다.
    (+100)

  상대적으로 짧아진 업무 시간에는 최대한 업무 효율을 높이기 위
  해 할 일과 우선순위 목록을 활용하고 있다.

- 더불어 참신한 메뉴 개발을 위해 주문이 없는 틈새 시간을 활용해
  메뉴 관련 정보를 서칭한다. 상급자와 원활한 소통을 위해 대화 시
  메모하고 일일 업무와 우선순위 목록에 적용한다. 매일 업무 전·후
  재차 검토하고 최신화하여 알맞게 업무를 처리하고 있다.
    (+100)

200

* 다음 단계를 위해 지금 하는 일도 잘하고 다음 일도 잘할 수 있도
  록, 효율적인 방법을 계속 찾고 배운다.

노력 범위의 분산을 확장으로 전환하는 맥락은 비슷하다. 영상 편집을 잘하는 담당자가 편집만 잘한다고 해서 어떻게 콘텐츠 부서의 총괄자가 되겠는가? 편집을 잘하는 직원이 될 뿐이다. 매장 운영만 잘하는 직원이 어떻게 외식 기업의 팀장이 되겠는가? 매장을 잘 운영하는 점장이 될 뿐이다.

다음 단계를 원한다면 그에 맞는 '노력의 범위 확장'이 필요하다.

노력을 분산하는 주된 이유는 업무의 질을 효율이 아닌 시간의 총량으로 보기 때문이다. 하지만 얼마나 오래 일하는지는 전혀 중요하지 않다. 짧은 시간에 얼마나 많이 해내는지가 중요하다. 수학 문제를 빠르게 풀려면 덧셈과 뺄셈이 아닌 곱셈과 미적분을 활용해야 한다. 어떤 문제를 덧셈과 뺄셈으로 풀어내려면 하루가 걸리는데 곱셈과 미적분으로 풀면 한 시간도 안 걸린다. 그런데 문제를 오래 풀었다고 해서 더 열심히 공부한 것인가? 덧셈 뺄셈으로 문제를 푸나, 미적분으로 문제를 푸나 에너지 소모는 같다. 단지 미적분을 활용했을 때 더 많은 문제를 풀 수 있다는 것뿐이다. 성과를 내면 돈이든 명예든 인기든 권력이든 그에 따른 보상이 주어진다. 당신의 일도 마찬가지다.

다음 단계로 가고 싶다면 지금 하는 일을 효율적으로 만들어라. 효율적으로 변하는 과정은 힘들거나 복잡하지 않다. **구구단을 외우기 전에는 곱셈이 덧셈 뺄셈보다 더 복잡하고 어렵게 느껴진다. 하지만 막상**

구구단을 외우면 덧셈 뺄셈으로 문제를 푸는 것이 시간이 더 오래 걸리고 지루하며 복잡하다는 걸 깨닫는다. 부디 당신만은 하루 내내 덧셈 뺄셈으로 진을 다 뺀 뒤 열심히 살았노라고 말하지 않기를 바란다.

양동이에 물 길어오는 사람과 수도 파이프로 물을 끌어오는 사람의 이야기를 한 번쯤 들어봤을 것이다. 양동이에 물을 길어오는 사람은 아침 일찍 일어나 누구보다도 부지런하고 열심히 일한다. 그럼에도 수도관을 만든 사람보다 더 많은 물을 모을 수 없다. 왜 이런 차이가 발생할까? 일의 본질을 다르게 보기 때문이다.

일의 본질을 볼 때 양동이에 물을 길어오는 사람은 '시간의 총량과 최선을 다하는 마음'으로 보고, 수도관을 만든 사람은 '효율성과 다음

• '양동이와 수도관'을 업무와 접목한 예시

대상	양동이 물 기르기	수도 파이프 매설
외식업체 운영지원 담당자	• 업무 회의 내용 대부분 암기 • 우선순위 및 중요도 구분 안 함 • 부서 간 소통은 후 순위 • 다음 단계 도약을 위한 발전 보류	• 업무 회의 시 메모(추후 불필요 의사소통 제로) • 우선순위 및 중요도를 구분(원활한 업무처리) • 업무 시작 전 부서 간 협업 체크 • 다음 도약을 위해 해야 할 일 찾기
이유	한 양동이라도 더 물을 길어야 하는데 메모하거나 우선순위, 중요도를 정하는 고민은 왠지 복잡하고 번거롭다.	수도관을 미리 매설해서 불필요하게 낭비되는 시간을 줄이고 한 단계 도약하기 위한 시간을 마련한다.

단계를 위한 발전'으로 본다. 수도관을 만든 사람은 이제 다음 단계를 준비할 수 있다. 아마도 수영장이나 목욕탕 사업을 준비하지 않을까. 그렇다면 양동이를 든 사람은 왜 수도관을 만들려고 하지 않을까? 첫 번째 이유는 수도관을 만드는 과정이 낯설고 복잡해 보이기 때문이다. 둘째는 익숙하고 잘하는 일만 하고 싶기 때문이다.

물 긷는 이야기와 수학 풀이의 예는 같은 맥락이다. 이것은 노력을 분산할 것인가, 확장할 것인가의 차이이다. 분명히 말하지만 노력의 범위를 확장해나갈 때 성공이 가능하다.

포기하지
않으면
결국 쌓인다

날이 갈수록 바빠지는 매장을 챙기면서 가맹점 인테리어 체크, 디자인 보완 및 편집, 마케팅 업무, 직원 면접을 함께하려니 하루 24시간이 모자랐다. 차 안에서 잠깐 눈 붙인다는 게 아침에 눈을 떠서 간단히 세수만 하고 출근하는 일이 잦아졌다. 매장 관리와 기획 업무를 동시에 하려니 벅찼다. 이도 저도 잘못하는 상황에서 업무에 차질이 생기면 이렇게 생각했다.

'매장 운영만 아니면 기획 업무 정말 잘할 수 있는데.'

'재료 주문을 놓친 건 직원 면접 때문에 어쩔 수 없었어.'

노력의 범위를 분산시켜 책임을 덜고 싶은 마음이었다. 당시 나도 노력의 범위 개념을 명확하게 이해하지 못했기에 업무가 막히면 먼저 외부에서 이유를 찾았다.

사람은 의도적으로 노력하지 않으면 환경이 바뀌기만을 원할 뿐 자신을 확장하지 않는다. 멘토가 없는 상황이라면 더욱 그렇다. 자신을 확장하느니 성장을 포기한다. 성장을 포기하면 성공은 없다. 노력을 분산하는 사람과 확장하는 사람은 같은 상황에서 다른 말을 한다.

노력의 범위를 분산하는 말과 확장하는 말을 비교해 보자.

분산의 말	확장의 말
"나랑 맞지 않아." "힘든 일이야." "이건 불가능한 일이야." "아무도 내 말에 동감해주지 않아." "지금까지 내가 해왔던 일이 아니야."	"그동안 내가 해왔던 일과 다를 뿐이야." "힘들겠지만 날 더 성장시켜 주겠지." "어떻게 가능하게 만들 수 있을까." "나의 도전인데 동감을 바랄 필요 없지." "익숙함에서 벗어나야 할 때가 왔군."

그 당시 내가 힘들었던 이유는 노력의 범위를 확장시키는 데 집중하기보단 '확장과 분산을 오가며 투쟁하듯이' 일했기 때문이다. 하지만 다행히 나에겐 꿈이 있었다. 심적으로 힘들었지만 어쨌든 상상이 현실의 성과로 나타나니 포기할 수는 없었다.

누구든지 과거를 돌이켜보면 '그땐 왜 그렇게밖에 못했을까?'라는 생각이 든다. 문제의 난이도는 상대적이다. 그 당시의 수준(덧셈 뺄셈)

에서는 힘들었다. 하지만 지금은 더 많은 걸(곱셈) 안다. 앎이란 지식만을 말하는 게 아니다. 경험, 사례, 이치, 느낌, 관계자, 조력자, 연결 분야 등 입체적인 정보를 두루 내포한다. **진정한 실력은 하루아침에 뚝딱 생겨나지 않는다. 노력 범위의 확장과 분산 사이에서 줄다리기하며 본능과 이성, 변명과 책임 사이를 오가는 갈등을 겪으며 무의식 속에 서서히 완성되는 것이다.**

만약 당신이 지금 맡은 일이 힘들고 벅차다면 머지않아 모든 것을 완벽하게 해낸 자신을 상상해보라. 미래의 당신은 지금의 당신이 결국 해내리란 걸 전혀 의심하지 않는다. 당신의 고민은 그에겐 그다지 어려운 문제가 아니다. 믿어지지 않는가? 그렇다면 몇 년 전 당신의 모습을 기억해보라. 어떤 느낌인가. '그땐 왜 그렇게 심각했지? 왜 그런 생각을 못 했을까?' 그 당시에는 모든 것들이 심장 두근거리는 도전이었다. 어릴 적 당신이 처음으로 두 발로 걸었을 때 당신의 부모님들은 그것을 기적이라고 했다.

장담컨대 대부분의 문제는 시간이 지나면 간단해진다. 세상에 절대적으로 어려운 문제는 없다. 문제의 난이도를 결정하는 건 오직 당신 자신이다.

깨달은 것

- 달라고 하면 받을 수 없다, 먼저 주어라.
- 마음을 얻는 3단계는 '경청-역지사지-공감'이다.
- 상대방을 알기 위한 가장 좋은 방법은 '공감'이다.
- 공감과 동감은 다르다.
- 성공을 위해서는 노력의 범위를 '확장'해야 한다.
- 노력의 범위를 분산하고자 하는 유혹을 차단하라.
- 현재 어려움을 겪고 있다면 문제를 해결한 미래의 당신을 생각하라.
- 세상에 절대적으로 대단한 문제는 없다. 문제의 난이도를 정하는 건 자기 자신이다.

PART 4

끝까지
해내는 힘

初心力

남들보다 일찍 성공하길 원하는가? 안타깝지만 성공의 시기는 스스로 정할 수 없다. 그것은 운명이기 때문이다. 성공의 확률은 시도와 거절의 횟수와 비례한다. 성공은 당신 앞에 펼쳐진 수많은 문 중 하나의 문 뒤편에서 운명적인 만남을 기다리고 있다. 운이 좋으면 첫 번째 문에서 만나겠지만 운이 나쁘면 마지막 문까지 가야 만난다. 흙수저로 태어나 불리한 환경에서 시작한다면 당신이 할 수 있는 최선은 최대한 빨리 많은 문을 열어보는 것이다. 성공은 일찍 만나든 늦게 만나든 그 나름대로 모두 훌륭하다.

창업創業보다 어려운 수성守成

'創業(창업)'을 풀어보면 비롯할 '창', 업 '업'이다. 국어사전에는 '나라나 왕조 따위를 처음으로 세움', '사업 따위를 처음으로 이루어 시작함'이라고 나와 있다. 내가 장사를 처음 시작했을 때 가졌던 '나만의 나라를 만든다'라는 개념과 상통한다. 수성守成이란, 나라나 사업 등을 지켜 나가는 일이라는 뜻이다.

창업은 하나의 과업이고 도전이다. 위대하고 숭고한 도전은 결국 마침표를 찍고 기록되어야 비로소 역사가 된다. 창업創業은 누구나 할 수 있다. 하지만 수성守成은 아무나 할 수 없다. 창업수성이란, 시작은 쉽지만 이룬 것을 지키기란 어렵다는 뜻이다.

브랜드를 런칭하고 회사를 만드는 일이 창업이라면 경영은 수성이다. 장사가 잘되어 규모는 커졌지만 결국 망하는 회사들이 수두룩하다. 수성에서 실패한 것이다.

　　우리의 프랜차이즈 규모도 커지고 있다. 하지만 마음은 늘 불안했다. 능력 있는 인재가 회사를 떠날 때마다 가슴 한편이 '툭' 하고 떨어져 나가는 기분이었다. 어떤 일이 매듭지어지지 않고 남겨질 때마다 마음이 무거웠다. 다른 한편으론 '원래 다 이런가, 내가 너무 걱정하는 건가?'라는 생각도 들었다. 하지만 어떻게 해도 도무지 미래가 그려지지 않았다. 상상되지 않는다는 건 심각하다는 뜻이다. 나는 내가 상상의 현실로 믿을 수 있었기에 여기까지 올 수 있었다고 믿는다. 열정이 식지 않게 열심히 일했다. 하지만 늘 등 뒤에 공허함이 나를 따랐다.

유능한 사람은
최고의
자산이다

"사무실을 알아봐야겠는데."

불과 두 달 만에 10개의 가족점이 생겼다. 새로운 팀원들이 일할 자리와 미팅 공간이 필요했다. 같은 건물 5층에 있는 20평짜리 사무실 두 개를 임대해 중간 가벽을 허물고 하나의 사무실로 만들었다. 사무실 가장 안쪽에 메뉴개발실을 만들고 옆으로는 메뉴테스트 및 시식할 수 있는 공간을 만들었다. 소회의실과 미팅룸을 만들고 중앙에는 운영지원팀과 메뉴개발팀, 디자인과 경리회계팀을 위한 공간을 만들었다. 이제 곧 이곳에 가득 채워질 열정의 에너지를 생각하니 가슴이 벅차올랐다.

다음으로 집중한 것은 유능한 팀원을 찾는 일이었다. 담당한 기획 업무에도 유능한 팀원이 필요했다. 나는 '구인'이라는 단어를 그다지 좋아하지 않는다. 왠지 단순 노동자를 의미하는 것 같기 때문이다. 대신 '팀원' 혹은 '멤버'라는 말을 쓴다. 구인이란 말이 틀린 건 아니지만 인사가 만사라는 신념이 강한 나는 기계처럼 일할 사람을 원하지 않는다. **사람은 저마다 고유한 영혼이 있다. 유기적 관계 속에서 에너지를 주고받을 때 강력한 시너지가 생겨난다.**

인재를 찾을 때는 경력과 업력이 중요하다. 경력이 오래된 사람의 주변에 인재가 있을 확률이 높기 때문이다. 외식업 경력이 짧은 내 주변에는 유능한 인재가 없었고 어쩔 수 없이 구인 사이트에 모집공고를 올렸다. 많은 지원자가 몰려 하루에 7~10명씩 미팅을 했다. 그런데 도무지 어떤 사람을 고용해야 할지 정할 수가 없었다. 주변에서는 적당한 경력자를 빨리 뽑자고 했다. 하지만 그럴 수 없었다. 인사가 만사 아닌가.

처음 팀원을 뽑을 때는 첫인상이나 공손함, 이력서 경력을 보고 선발했다. 그런데 첫인상이 좋았던 사람이 근태가 좋지 않거나 경력을 보고 뽑은 사람이 수박 겉핥기식 경력인 경우도 많았다. 이럴 때는 내 인사 능력에 회의감이 들었다.

신입을 기용하면 기존 멤버와 원활한 관계 유지도 관건이다. 회사에는 내가 브랜드 런칭에 참여하기 전부터 근무한 직원들이 있었다. 그들은 터줏대감처럼 행동했다. 그래서 팀장을 새로운 사람으로 뽑으면 팀장이 오히려 팀원의 눈치를 봤다.

그래서 나는 자연스럽게 새로 선발된 사람들과 자주 소통했다. 회사가 나아갈 방향, 각자가 해야 할 일, 건의 및 애로사항이 주된 내용이었다. 새로 입사한 사람 중에는 어디에 있다가 이제야 나타났는지 생각되는 뛰어난 사람도 있다. 우리는 업무 시간 외에도 개인적인 대화를 많이 나눴다. 직급은 아래였지만 업무 마인드와 경험 면에서 내가 배울 게 많았다. 어느 날 팀장이 면담을 요청했다.

"이사님, 드릴 말이 있습니다."

그날따라 팀장에게선 무거운 공기가 흘렀다.

"퇴사를 생각하고 있는데 미리 말씀드려야 할 것 같아서요."

어느 정도는 직감하고 있던 말이었다.

"팀장으로서 팀을 이끌어 나갈 수 없을 것 같습니다. 이유는…."

"아닙니다, 팀장님. 무슨 뜻인지 알겠습니다. 하지만 많이 아쉽네요."

"이사님께는 너무 죄송합니다. 추후라도 함께할 수 있으면 좋겠습니다."

능력 있는 직원이 회사를 떠난다는 건 크나큰 손실이다. 이런 일이 계속된다면 사일로 문화(회사 안에 성이나 담을 쌓고 외부와 소통하지 않는 부서를 가리키는 말)가 생겨나고 실력이나 능력보다는 친분이나 아첨 위주의 인사가 될 것이 불 보듯 뻔했다. 머리가 아파왔다.

사람이
뿌리다

열매가 풍성하게 열린 나무도 뿌리가 약하면 한순간에 쓰러진다. 많은 열매에 감탄하고 수확의 기쁨에 도취되어 뿌리를 살피지 않는 것은 어리석다.

사업에서 수익이 열매라면 사람은 뿌리다. 일이 쌓이고 바쁠수록 사람을 살펴야 조직이 바로 선다. 사람을 회사의 부속품처럼 대하는 것은 뿌리를 썩게 하는 것이다. 일은 기계도 할 수 있지만 동기는 사람만이 줄 수 있다. 미래를 상상하고 믿음을 주는 것도 오직 사람만이 할 수 있다. 사람은 서로 영향을 주고받는다.

어려운 목표를 달성하는 회사는 사람들의 시너지를 활용한다. 훌륭한 인재를 데리고도 망하는 회사는 사람들을 부품처럼 대한 까닭이다. 사람을 이해하는 회사는 풍성한 열매를 더 오래 수확한다. 이것을 알기에 직원을 한 명 채용하더라도 심혈을 기울인다. 채용 이후에도 주기적인 교육과 워크숍을 열어 지속적으로 발전하고 여러 가지 복지로써 뿌리를 단단하게 다진다. 이러한 정책은 반드시 '인재에 대해서만' 이뤄져야 한다. 시너지를 내고 동기를 부여해주며 긍정적인 영향을 주는 사람이 인재다. 반대로 부정적인 영향을 끼치고 주변 사람을 수동적으로 만드는 사람은 하루빨리 회사에서 내보내야 한다.

인재^{人材}의
기준

브랜드, 사업체, 장사, 매장의 근간은 무엇인가. 브랜드 로고? 회사 건물? 상가? 자본금? 판매하는 제품 혹은 서비스인가? 아니다. 이것들은 소재일 뿐 근간이 될 수 없다. 모든 건 '사람'으로부터 시작된다.

브랜드는 사람 또는 집단을 나타내는 상징이며 건물과 상가는 사람이 활동하는 공간이다. 재산은 사람이 활용하는 자원이고 제품은 사람이 가치관을 담아 만든 산물이다. 유일하게 실재하는 건 사람뿐이다. 따라서 모든 것의 근간인 사람이 훌륭하면 결과물도 좋을 수밖에 없다.

내 경험상 조직에 뛰어난 인재의 비율만큼 회사도 성장한다. 반대로 인재가 떠나면 부정적인 연쇄반응이 일어나 결국 매출 하락으로 이어진다. 회사가 궤도에 오르면 유능한 인재를 내보내고 인건비가 저렴한 수동적인 인력으로 대체해 고정비를 아끼려는 오너가 있다. 그들은 사업의 근간을 사람이 아닌 '돈'으로 본다. 그래서 지속 가능한 성장보다는 현상 유지를 선택한다. 이런 경우 작은 문제에도 유동적으로 대응하지 못하고 조직 내 자정작용이 사라져 좋은 성과를 낼 수 없다. 뿌리가 약한 나무는 좋은 열매를 맺을 수 없다.

다음은 내가 보는 인재의 덕목 4가지이다.

첫째, 정직함.

정직한 사람은 상황을 빠르고 정확하게 판단할 수 있게 해준다.

'지피지기백전불태知彼知己百戰不殆'라는 말처럼 나를 제대로 알면 언제나 먼저 절반을 이기고 들어간다. 반면 정직하지 않은 사람과 일하면 판단 기준이 공놀이하듯 이리저리 옮겨 다닐 수밖에 없다. 또한 매번 스무고개 하듯 기준점을 찾아 시간과 정신력을 소모하게 된다. 이것은 불필요한 에너지 낭비이다. 간혹 선의를 위해서라며 거짓말을 합리화하는 사람이 있는데 이는 사적인 관계에서나 통용된다. 정직하지 않은 이유는 다양한데 대부분 악의적으로 접근하지 않는다는 특징이 있다. **가장 흔한 게 서로 의리를 지키기 위한 거짓말이다. 이것이 공공연해지면 특정 집단과 사일로 문화(팀 간 이기주의, 서로 정보 공유의 회피 나아가 협업을 찾아볼 수 없는 상황)가 형성되고 오너와의 대화는 점점 경직된다.** 이들은 정확한 상황과 정보를 나누는 것을 고자질이라고 생각한다. 공적인 영역에서 의리를 앞세운 거짓말은 부정확한 정보(거짓말)를 전달하므로 목적 달성에 큰 방해가 된다.

정직함은 '언행일치'로 확인할 수 있다. 평소에 한 말을 일관되게 지키고 있는지, 업무계획에 의거 정확하게 진행되고 있는지 수시로 확인할 필요가 있다.

둘째, 능동성(발전 가능성).

능동적인 사람은 기름진 땅과 영양분이 제공되면 스스로 자란다.

건강한 나무(능동자)에서 열리는 싱그러운 열매(성과)는 농장(회사)을 키우는 데 중요한 역할을 한다. 능력을 발휘할 환경과 올바른 비전이 주어지면 그들은 스스로 발전한다. 업무계획을 수시로 보강하고 공유하며 이치에 맞는 건의를 한다. 발전방안을 모색해 보고하고 문제가 발견되면 제거하려는 욕구가 강하다. 자신의 전문 분야뿐만 아니라 큰 틀에서 판단하고 오너가 듣고 싶어하는 말이 아닌 소신을 이야기한다. 반면 능동적인 척하는 사람은 본질보다는 명분에 의해 행동한다. 문제해결을 위한 건의가 아니라 적극성을 어필하기 위해 건의한다. 그들은 말은 많은데 실행은 되지 않는다. 업무계획을 일거리 채우기식으로 짜다 보니 목적과 방향이 자주 어긋난다. 이런 사람들은 눈치를 보고 변명하는 것에 에너지를 쏟기에 마치 열심히 일한 사람처럼 피곤해한다.

능동적인 척하는 사람을 쉽게 구분하는 방법은 수시로 질문하는 것이다. 명분을 쌓을 때 외에는 대부분 수동적 상태이므로 수시로 발전적인 질문을 하면 당황하거나 횡설수설한다. 또한 정해진 업무만 하기에 피드백이 전혀 없다.

셋째, 비전 공유.

비전을 나누고 함께하면 시너지가 발생해 더 좋은 성과를 낸다.

반면 방향이 같지 않으면 어느 시점까지는 함께할 수 있지만 언젠가 갈등을 겪을 수밖에 없다. 재능과 비전은 '힘'과 '방향' 같다. 아무리 힘이 세도 방향이 같지 않으면 정확한 목적지에 도착할 수 없다. 만약 방향이 반대라면 아무리 노력해도 성과는 '0'이다.

비전이 같지 않으면 재능이 뛰어날수록 시련도 커진다. 차라리 한쪽이 무능하면 재능의 총량은 낮아지더라도 최소한 어느 한 방향으로 끌고 갈 수는 있다. 가장 좋은 상황은 벡터^{Vector}(크기와 방향으로 정해지는 힘, 양, 속도, 가속도)가 동일할 때다. 힘의 크기(재능)와 방향(비전)이 같을 때 기하급수적인 시너지(추진력)가 발생한다. 그러므로 리더는 수시로 비전을 이야기하며 진정한 동료로 거듭나도록 그들의 성장을 도와야 한다.

넷째, 끈기와 집요함.

깊이 숨어 있는 문제를 끄집어내 해결하려면 끈기와 집요함이 필

요하다.

목적을 달성하려면 그 과정에서 만나는 수많은 문제를 찾아 해결해야 한다. 그럼에도 땅속 깊이 박혀 모습을 드러내지 않는 문제들이 있다. 그것을 당장 해결하지 않아도 크게 방해가 되지 않는다는 이유로 외면하게 되면 얽히고설켜 풀 수 없는 지경에 이른다. 끈질기기도 해서 성공을 향하는 과정 내내 어깨를 짓누르고 발목을 붙잡는다. 집요한 사람들은 지뢰를 찾듯 특유의 집중력으로 숨어 있는 문제를 찾아 해결한다. 나아가 문제를 해결할 때마다 성공으로 가는 단서를 발견하게 된다. 그러므로 문제는 피하고 회피해야 할 대상이 아니라 끈질기게 찾아내 집요하게 해결해야 할 대상이다.

평범한 사람을 인재로 만드는 것은 오랜 시간 집중적으로 교육해도 어려운 일이다. 하물며 실무를 하고 성과를 내야 하는 회사에서 인재를 만드는 것은 거의 불가능하다. 결국 인재는 발견해야 한다.

인재는 어떻게 찾아야 할까, 논어에 '근자열 원자래近者悅 遠者來'라는 말이 나온다. 가까이 있는 사람에게 잘하면 소문이 나서 멀리서도 찾아온다는 뜻이다. 리더 스스로 원칙을 지키며 신뢰할 수 있는 올바른 사람이 되고 인재를 알아볼 수 있는 안목을 키워야 하며 인재가 모이는 환경을 만드는 것이 최선이다.

뿌리를
썩게 하는
'착한' 리더십

리더leader는 '조직이나 단체에서 전체를 이끌어 가는 위치에 있는 사람'이다. 회사의 오너만을 지칭하는 말이 아니라는 뜻이다. 이끌어야 할 팀원이 단 한 명이라도 있다면 모두가 리더다. 팀장, 과장, 부장모두 다 각 그룹의 리더이다.

리더의 덕목인 리더십을 모르는 사람은 없다. 훌륭한 리더란 전문지식이 많고 솔선수범하며 생각이 깊고 도덕적인 '좋은' 사람이라는 것도 누구나 안다. 그런데 사회에서 좋은 리더를 찾아보기 드물다. 왜일까?

여러 가지 이유가 있겠지만 나는 크게 다섯 가지라고 생각한다.

첫째, 본인이 리더임을 모른다.

스스로 리더가 아닌 관리자 정도로 치부한다. 그러기에 팀원의 발전이나 팀 시너지에 관심 두지 않고 단순히 업무 분배나 상급자와 소통하는 일에 많은 에너지를 쓴다. 이런 사람은 팀에 대한 책임감보다는 본인의 업무와 진급에 더 많은 시간을 할애한다. 상대적으로 팀 성과는 저조해질 수밖에 없다. 이럴 때마다 '나는 잘하는데 팀원들이 문제야.'라며 팀원이나 외부요인으로 문제의 원인을 돌린다. 이런 리더는 상급자로부터 '변명하지 말라.'는 핀잔을 자주 듣는다.

둘째, '좋은' 리더와 '착한' 리더를 동의어로 생각한다.

'열정적으로 일하는 초보 리더'와 '우유부단한 성격의 리더'에게서 찾아볼 수 있다. 열정적인 리더는 업무 능력 향상과 자기계발, 팀원의 발전 도모 등 여러 측면에서 노력을 기울이는데 이때 팀원에게 '인기를 얻고 싶은 욕구'가 생긴다. 이 욕구는 착한 리더 콤플렉스에 빠지게 한다. 그러나 착하다는 평판은 상대방 의견에 반하지 않고 편하게 해줄 때 얻는다. 그것이 옳든 그르든, 회사에 도움이 되든 안 되든 간에 말이다. 단언컨대 팀원이 편한 상태에서는 회사의 발전과 변화를 도모할 수 없다. 긍정적이고 진취적인 스트레스는 발전하는 조직에 필수불가결하다.

다음으로 '좋은 게 좋은 거'라는 우유부단한 리더들은 팀원들과 문제없이 원만하게 지내는 것을 덕목이라고 생각한다. 하지만 썩은 사과를 가려내지 않고선 신선함을 유지할 수 없다. 열정적인 직원과 프리라이더free-rider(회사나 조직 등에서 아무런 노력이나 참여를 하지 않고 동일한 보상을 받는 사람)를 구분해 조치하지 않는다면 건강한 조직을 만들 수 없다. 착한 리더는 '좋게 좋게 지내라', '품어라'라고 말한다. 썩은 사과를 품으면 피해는 고스란히 다른 구성원들이 떠안는다. 리더가 해야 할 일은 열정적인 인재들이 능력을 발휘할 수 있게 썩은 사과를 골라내는 일이다.

리더는 불편을 감수하더라도 변화와 발전을 도모하고 좋은 결과를 내야 할 책임이 있다. 그리하여 그 성과를 팀원들과 기꺼이 나눌 때 비로소 '좋은' 리더가 된다. 좋은 리더가 되면 인기는 자연히 올라간다. 인기를 얻기 위해 착한 리더가 되겠다는 건 모순이다. 훌륭한 조직엔 좋은 리더만 있을 뿐 착한 리더는 없다.

셋째, 운영에 원칙이 없다.

원칙이란 '어떤 행동이나 이론을 일관되게 지켜야 하는 기본적인 규칙이나 법칙'을 말한다. 원칙은 구성원 모두가 알도록 공유하여 명확한 행동 기준을 만들어야 한다. 그래서 리더들은 회사의 목표와 부합하는 원칙을 세운다.

만약 원칙이 없다면 어떻게 될까? 기준이 없고 방향이 모호하니 미래를 예측할 수 없다. 그것은 매 순간 불안함을 동반한다. 자기 일에 의구심이 들고 무엇이 정답인지 알 수 없다. 이런 그룹의 중간리더는 특정 방향으로 팀을 이끌 수 없어 상급자 눈치만 보게 된다. 이런 환경은 열정적인 팀원의 동기를 저하시킨다.

원칙이 명확하지 않은 조직의 리더는 자신의 기분이나 상황에 따라 기준을 바꾼다. 이런 리더들 옆에는 항상 아첨하는 직원이 있게 마련이다. 기준이 없으니 리더의 기분을 살피면서 회사생활을 하는 것이다. 이런 환경은 팀 시너지를 가로막고 사일로 문화를 만들며 유능한 인재를 떠나게 한다.

조직은 한 척의 배와 같다. 그 배는 보물섬(목표 달성, 성과)을 찾기 위해 항해 중이다. 나침반(원칙)이 없다면 모든 선원은 각자의 기준과 느낌대로 노를 저을 것이다. 모두가 열정적으로 노를 젓는다고 해도 원칙과 방향이 없다면 결국 목적지에 도착하지 못한다. 제자리를 빙빙 돌거나 엉뚱한 위치에 도착한다. 그러므로 원칙이 없는 조직에서는 유능한 인재도 리더도 나타날 수 없다.

넷째, 모든 결정을 최종결정권자가 한다.

회사의 규모가 10명 내외의 작은 규모라면 모든 결정을 대표가 해도 문제없다. 하지만 그 이상으로 규모가 커진다면 특정 업무는 반드시 위임해야 한다. 중간리더에게 맡겼을 때 업무처리 능력을 분석해보면 그가 리더로써 자질이 있는 사람인지 보인다. 중간리더를 길러야 한다는 말이다.

회사가 성장해 어느 시점에 도달하면 업무를 반드시 누군가에게 위임할 수밖에 없는 순간이 찾아온다. 만약 그때 믿을 수 있는 중간리더가 부재하면 회사의 성장 모멘텀은 줄어들 수밖에 없다. 대표들이 위임을 꺼리는 이유는 본인이 직접 처리하는 게 더 빠르고 정확하기 때문이다. 하지만 회사가 성장했을 때 준비된 중간리더가 부재하여 생기는 손실은 이보다 훨씬 크다.

다섯째, 책임만 있고 권한은 주지 않거나, 권한만 있고 책임은 지지 않는다.

권한과 책임은 '지팡이의 양 끝'과 같다. 어느 한쪽만 주어질 경우 리더십을 발휘할 수 없다. 중간리더는 '책임만 있고 권한은 없는 경우'를 가장 힘들어한다. 종교, 사교, 동호회처럼 이해관계가 없는 모임이라면 인간적인 면모만으로 지휘가 가능하다. 하지만 영리의 목적과 이해관계가 있는 조직이라면 중간리더에게 '영향력'은 대단히 중요하다. 영향력이 무엇인지는 국가를 생각하면 쉽게 이해할 수 있다. 국가의 리더는 인간성만으로 리더십을 발휘할 수 없다. 헌법과 같이 누구나 지켜야 하는 '원칙', 민주적인 '평등'(성과에 맞게 나누는 것, 부당하게 분배하지 않는 것), 원칙을 지키기 위한 '강제성'(공권력) 등을 적절히 활용할 수 있을 때 비로소 권위가 생기고 올바른 리더십을 발휘할 수 있다. 만약 이 중에 하나라도 없다면 그 나라의 미래는 어떨까? 권위는 없고 책임만 있는 중간리더도 이와 같다.

심리학에 의하면 어떤 사람은 자신보다 지휘가 높은 사람에게 반발할 수 있을 때 희열을 느낀다고 한다. 권위 없는 중간리더가 힘든 이유이다. 이런 폐단은 영리 조직 외에도 공무원, 교사 등 다양한 분야에서 발생한다. 권한 없는 리더십이 어떤 결과를 초래하는지 뉴스에 보도되는 교사나 공무원의 사례를 보면 알 수 있다. 그들은 사랑과 포용을 요구하는 상급자와 무한한 책임을 요구하는 학부모와 민원인, 부하직원 사이에서 괴로웠을 것이다.

그렇다면 중간리더에게 권한을 주지 않는 오너의 심리는 무엇일까?

첫째, 중간리더의 능력이 미흡하다고 생각해서 못 미덥기 때문이다. 그러나 오너의 눈에는 모든 사람이 미흡하기에 권한을 주지 않는 것은 어리석다. 깨어있는 오너라면 과감히 위임하고 직책에 대한 권위를 지켜줘야 한다. 그렇지 않으면 중간리더는 성장할 수 없다.

둘째, 중간리더의 성장을 경계한다. 능력적으로 뒤처지면 휘둘릴까 두려운 것이다. 하지만 진정한 리더는 자신보다 훌륭한 사람을 모으는 것에 힘쓴다. 오너는 실무가 아닌 경영을 하는 사람이다. 중간리더의 성장을 돕는 것은 조직의 발전을 위해서 오너가 마땅히 해야 할 일이다.

셋째, 경영을 이해하지 못한다. 직원이 있고 수익이 난다고 해서 경영을 하고 있다고 착각하면 안 된다. 경영은 학문이기에 배우지 않으면 알 수 없다. 이 책에 담은 이야기들도 경영의 한 부분이다.

넷째, 착한 리더 콤플렉스에 빠져 있다. 위에서 언급했듯, 좋은 리더와 착한 리더를 구분하지 못한다.

반대로 권한만 있고 책임은 지지 않는 사람은 발전하지 않는다. 책임지지 않으니 신중하지 않아 경솔하게 행동하며 조직에 피해를 준다. 그 결과는 고스란히 다른 구성원들의 몫이다. 이런 조직은 아첨꾼들이 모이고 인재를 떠나게 하며 사일로 문화를 만든다.

이런 조직의 오너는 변화보다는 현상을 유지하고 발전보다 돈벌이를 중요하게 생각하며 불편함을 피하고 싶어한다. 무능한 리더의 전형적인 예이다.

스타트업 회사라면 두 번째 이유를, 직원이 10명 이상이라면 다섯 번째 이유를 가장 명심하라고 당부하고 싶다. '착한 리더의 역설'은 언뜻 보면 다른 이유에 비해 이해가 어렵다. 특히 유교의 영향을 받은 우리나라는 문화의 특성상 '착한 사람 콤플렉스' 지수가 높다. '착한 게 왜 나쁜 거지?'라고 반문하며 납득하지 못한다. 그러나 모든 사람에게

착할 필요는 없다. 누군가에게 착하다는 건 다른 누군가에겐 나쁘다는 것이다. 예를 들면, 집을 담보로 보증을 선다면 지인에겐 좋은 사람이지만 위험을 감수하는 가족에겐 나쁜 사람이다. 범죄자에게 형벌을 내리는 판사는 범죄자에겐 나쁜 사람이지만 선량한 시민에겐 좋은 사람이다.

착한 리더가 되지 말고 올바른 리더가 되라. 그러기 위해선 때론 불편함을 감수하고 반대를 무릅써야 한다. 인류 탄생 이래 착해서 위대해진 리더는 단 한 명도 없다. 모든 위대한 리더는 고난과 역경 속에서 올바른 원칙을 지킬 때 탄생했다.

깨달은 것

- 사람 간의 유기적인 관계에서 시너지가 생긴다.
- 시작(창업)은 쉽지만 이룬 것을 지키는 건(수성) 어렵다.
- 사람을 부품처럼 대하면 뿌리가 썩는다.
- 조직이 한 척의 배라면 원칙은 나침반이다.
- 위임은 업무의 범위를 넓혀주고 중간리더를 성장시킨다.
- '착한' 리더가 아닌 '올바른' 리더가 되라.
- 착해서 위대해진 리더는 단 한 명도 없다.
- 권한과 책임은 지팡이의 양 끝과 같아서 분리될 수 없다.
- 위대한 리더는 고난과 역경의 시기와 함께 탄생한다.

작품을 위한
작품은
만들지 마라

나는 회사가 커지고 유명해졌다고 성공이라고 부르지 않는다. 그것은 단지 '회사가 커진 것', '유명해진 것'일 뿐이다. 그것을 굳이 성공이라고 부르고 싶다면 불러도 된다. 하지만 완전히 가질 수 없는 그것이 무슨 성공이란 말인가. 부의 규모를 가지고 성공을 논해서도 안 된다. 부는 경제적 수치를 나타낼 뿐이다. 이것은 삶의 진리이다.

내가 생각하는 성공은 '나로서 온전히 살아있는 느낌'이다. 그것은 '살아 숨 쉬는', '두근거리는', '흥분되는 미래가 떠오르는' 그런 것이다. 이 느낌은 완전한 나의 소유다. 어떤 상황이나 환경도 내게서 그것을 빼앗아갈 수 없다. 언제 어디에 있더라도 나는 그것을 꺼낼 수 있다. 누군가 파놓은 심연의 불빛으로 시선을 빼앗기지만 않는다면 말이다.

많은 사람이 온전한 성공이 아닌 무언가를 전제로 한 성공을 찾는다. '만약 ~하다면' 전제가 깔리는 성공은 진통제에 불과하다. 조건부이기에 성공을 갈망하는 마음에서 오는 불안함과 초조함을 잠시 잊게해줄 뿐이다. 성공을 외부적 요인에 맡겨야 한다면 당신은 평생 초조함과 싸워야 한다.

진정한 성공의 의미를 깨닫는다면 당신의 가게는 번창하고 회사는성장할 것이다. 발명가라면 발명에 성공하고 예술가라면 곧 명작을 창작할 것이다. 그러나 다시 말하지만 이것들은 성공의 부산물이다. 부산물 자체가 성공이 아니라는 말이다. 그럼에도 많은 사람이 이를 망각하고 부산물을 찬양한다. 눈으로 볼 수 있기 때문이다.

하지만 완벽한 성공을 바란다면 눈이 아닌 마음을 믿어야 한다. 마음의 진동은 성공을 향하는 나침반이다. 금속 탐지기로 생각해도 좋다. 탐지기가 금속에 반응하듯 우리의 마음은 성공에 진동한다. 보이는 것과 들리는 것을 기준으로 삼지 마라. 그것들은 외부 자극을 표현하는 스크린일 뿐이다.

당신이 보고 있는 그것은 알고 보면 그것이 아닐 수 있다. 오직 진정한 사실은 당신 마음의 느낌 상태다. 3차원의 세상을 살고 있는 당신은 내 말을 이해하기 어려울 것이다. 만약 당신이 내 말을 이해하고있다면 이미 성공할 준비가 된 '성공자' 상태이다. 성공을 상징하는 부산물을 이미 만들어 놨거나 곧 만들 예정이다.

작품을 위한 작품은 만들지 마라. 성공자가 되면 최고의 작품이라는 부산물이 만들어진다. 그러면 사람들은 부산물을 보고 비로소 당신이 성공했다고 믿는다. 성공자는 자신의 성공에 도취하지 않는다. 그는 낡은 다락방 안에서 이미 완전한 성공을 맛봤기 때문이다. 진정한 성공은 눈에 보이는 조건이나 단서가 아니라 스스로에 대한 믿음과 확신으로부터 시작된다.

결승점을
통과하는 건
결국 한 걸음이다

나는 30대 초반까지 평범한 삶을 살았다. 어쩌면 평범함보다 못한 삶이었을지 모른다. 하지만 8평 매장의 경험은 나의 삶을 전혀 다른 방향으로 인도했다. 지금의 나는 그때와 달라진 것이 없다. 만약 달라졌다면 경험과 지식이 조금 더 쌓였을 뿐이다. 하지만 그것조차도 누구나 알고 있는 정도이다. 예전부터 나를 알던 사람들은 내가 대단히 많이 달라졌다고 한다. 확실히 예전과 다른 아우라가 느껴진다는 것이다. 하지만 그것은 그들의 편견일 뿐이다. 고백하건대 8평 매장의 나와 지금의 나는 머리카락 한 올만큼도 달라지지 않았다. 이렇게 말하면 사람들은 다시 묻는다.

"8평 매장과 지금 당신의 사업은 누가 봐도 크게 차이 나잖아요."

맞다. 하지만 그 차이는 성공자의 느낌이 8년이라는 시간 속에서 세상에 드러난 부산물일 뿐이다. 그러니 나에겐 전혀 놀라운 일이 아니다. 내 말이 이해되지 않는다면 다른 예로 설명하겠다.

당신은 지금 부산에서 서울까지 걸어가기로 마음먹었다. 물론 쉽지 않은 도전이지만 반드시 서울이 **존재하고 있음을 의심하지 않기에 나아갈 방향을 정확하게 잡는다.** 드디어 첫걸음을 떼었다. 한 걸음씩 그 방향을 향해 의심 없이 걸어간다. 어느 구간에 들어서 느리게 가기도 하고 가파른 언덕을 지나며 환경을 탓하기도 한다. 비가 오면 어딘가에 숨어 나쁜 일이 생기지 않을까 걱정도 한다. 하지만 다시 걸음을 재촉한다. 당신이 하는 일은 **'시작할 때와 똑같이' 한 걸음씩 내딛는 것뿐**이다. 다른 건 없다. 믿고 있는 방향으로 첫 발걸음을 뗀 그 느낌으로 당신은 나아갈 뿐이다. 이제 점점 서울과 가까워지고 있다. 당신은 계속 같은 힘과 속도를 유지하려고 애쓴다. 스쳐 지나가는 몇몇 사람은 당신의 걷는 행위를 신경 쓰지 않는다. 그도 그럴 것이 그저 어디론가 걷는 모습이 뭐가 그리 대단하단 말인가. 오직 당신만 일정한 방향과 속도로 나아갈 뿐이다. 드디어 당신은 서울에 도착했다. 그 모습을 본 누군가가 당신에게 말한다.

"저기 저 사람 부산에서 서울까지 혼자서 걸어왔대!"

당신은 이제 '걷는 사람'이 아닌 '부산에서 서울까지 걸어 도착한 사람'이 된다. 대중은 당신을 평가하기 시작한다.

"와, 정말 대단하네요, 보통 분이 아니신 것 같습니다!"

"당신에게선 범상치 않은 아우라가 느껴져요!"

"너, 부산에 있을 때랑 뭔가 많이 달라졌어!"

"역시 당신처럼 타고난 사람만이 성공하는 거 같아요."

정말 당신은 달라졌는가? 부산에 있는 당신이나 서울에 도착한 당신이나 달라진 건 하나도 없다. 그렇다면 서울로 오는 길에 뭔가 엄청난 변화가 있었는가? 아니다. 당신은 처음 출발할 때처럼 마지막 순간까지 그저 **반복적으로 지루한 걸음을 걸었을 뿐**이다. 당신은 목적지를 잊지 않고 방향을 지킨 대가로 당신만의 부산물을 세상에 내놓았다. 부산물에 대해 어떻게 해석하던 그것은 그 사람 자유다. 여기서 중요한 건 출발할 때의 한 걸음과 목표(성공)에 도착했을 때 마지막으로 내딛은 한 걸음이 동일한 걸음이라는 사실이다.

진정한 성공자는 자신의 성공에 큰 의미를 부여하지 않는다. '부산에서 서울에 도착한 것'처럼 자신이 해야 할 일을 그저 완성했을 뿐이다. 달라진 것도 없고 대단할 것도 없다. 오직 방향을 잃지 않고 전진했을 뿐이다. 그의 성공은 어느 날 낡은 다락방에서 성공자의 느낌을 품었던 그 순간에 이미 이루어졌다. 그래서 그의 성공은 늘 차분하다.

실패는
성공에서
'한 걸음 전'일 뿐이다

'시작할 때와 다를 바 없는 마지막 한 걸음'이 성공이라면 실패는 무엇일까? 결론부터 말하면 서울 도착 '한 걸음 전'까지가 모두 실패다. 많은 사람들이 실패를 '좌절', '무능', '태만', '수치', '허무', '부끄러움', '가치상실', '실망'이라고 정의한다. 그러나 이것들은 모두 틀렸다. 실패는 성공에서 바로 '한 걸음 직전'일 뿐이다. 실패는 단지 미도달 상태를 나타낸다. 성공과 실패는 아주 가까이에 있다.

"성공과 실패는 서로 딱 한 걸음 사이에 존재한다."

국어사전에서는 실패失敗를 이렇게 정의한다.

1. 일을 잘못하여 뜻한 대로 되지 아니하거나 그르치다.

2. 어떤 일에 원하던 결과를 얻지 못하거나 완성하지 못하다.

'실패'라는 단어가 어떻게 느껴지는가? 부정적이고 우울한 느낌인가? 뜻대로 되지 않아 그르쳤다는 말과 결과를 얻지 못하거나 완성하지 못했다는 것이 모든 것을 그대로 종료하라는 의미는 아니다. 실패란 단지 미완성 상태임을 나타낼 뿐이다. 헛발을 내디뎠으니 얼른 제자리로 돌아가서 다시 한 걸음 나아가라는 의미이다. 실패란 완성형이 아니다. 그런데 왜 좌절하고 부끄러워하는가.

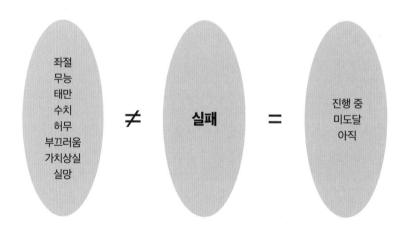

진정한 실패란 이제 발걸음을 내딛지 않겠다는 '결정'을 말한다. 실패는 선택이다. 선택하지 않으면 모든 건 단지 미도달 상태이다.

그런데 우리는 왜 실패 앞에서 무기력해질까? 성공은 정해진 기간이 없다. 위대한 성공의 요소에 '빨리 성공하라'는 포함돼 있지 않다. 맥도날드의 창업자 레이크록이 늦은 나이에 성공했다고 그의 업적이 폄하되지 않는다. 오히려 대기만성한 그의 스토리는 맥도날드의 성공을 더욱 빛나게 만든다.

그럼에도 많은 사람이 자신이 원하는 시점에 어떤 결과물을 내놓지 못했다는 이유로 좌절한다. 그 형벌로 자신을 미도달 상태에 내버려 둔다. 스스로 '실패자' 낙인을 찍고 실망, 분노, 자기혐오 감정으로 의지를 꺾어버린다.

이런 생각은 고정관념에 의한 습관적 사고에서 비롯된다. 나는 이 고정관념이 '특정 기간에' 달성한 성과만으로 우열을 가리는 교육 시스템에서 기인했다고 본다. 자아가 형성되고 사고방식이 적립되는 미성년 시기에 우리는 대부분 학교 교육에 의존한다. 학교의 평가 시스템은 특정 시기별로 학습 수행평가를 통해 학생들 간 우열을 가리고 더 상대적으로 우등해지도록 독려한다. 또한 학업에 열성적인 몇몇 부모는 자녀에게 평가에서 우위를 차지하는 것이 최고의 덕목이라 교육한다. 만약, 밀리거나 뒤떨어지면 미도달이 아닌 실패 프레임을 씌운다.

이제 실패에 대해 부정적인 느낌은 버리고 익숙해지자. 모든 성공한 사람들이 실패와 거절에 무뎠다는 것을 잊지 마라. 실패가 두려워

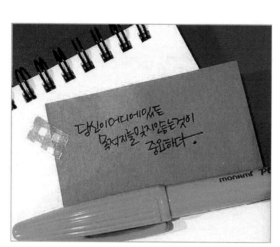

당신이 어디에 있든 목적지를 잊지 않는 것이 중요하다

성공을 포기하는 어리석음을 경계하라. 다시 말하지만, 성공을 위한 제한 시간은 없다. 그러기에 당신이 어디에 있든 목적지를 잊지 않는 것이 중요하다.

당신 앞에
펼쳐진
문을 열어라

남들보다 일찍 성공하길 원하는가? 안타깝지만 성공의 시기는 스스로 정할 수 없다. 그것은 운명이기 때문이다.

앞서 나는 시도와 거절의 횟수만큼 성공 확률도 올라간다고 말했다. 당신 앞에 있는 수많은 문 중 하나의 문 뒤편에서 은밀하게 당신을 기다리고 있다. 그러기에 **성공은 만드는 것이 아니라 만나는 것**이다. 운이 좋으면 첫 번째 문에서 만나겠지만 운이 나쁘면 마지막 문까지 가야 만난다. 그러니 성공을 만나기 위해 당신이 할 수 있는 최선은 최대한 빨리 많은 문을 열어보는 것이다.

운칠기삼運七技三이라는 말이 있다. 모든 일의 성패는 운이 7할, 노력이 3할을 차지하기에 결국 운이 따라주지 않으면 성공하기 어렵다는 뜻이다. 7대3 비율은 수치일 뿐 정확한 것은 아니다. 그만큼 운이 중요하다는 의미이다.

당신이 흙수저로 태어나 불리한 환경에서 시작한다면 성공을 위해 **더 빠르게 문을 열어라.** 어떤 경우엔 마지막 문에서야 비로소 성공을 만나겠지만 성공의 시기는 하늘이 정하니 조급해하지 마라. 포기를 모르는 당신은 끈기의 아이콘이 되고 세상은 당신에게 박수갈채를 보낸다.

다음은 보몬트와 플래처의 공저 《정직한 인간의 운명》에 나오는 내용이다.

인간은 그 자신이 영혼의 별이다.
정직하고 완벽한 인간이 되기를 원하는 나에게,
내 영혼은 모든 빛과 힘이 되어 명령을 내린다.
그 명령은 너무 일찍 오지도
너무 늦게 오지도 않는다.
좋든 나쁘든 운명의 그림자가
언제나 나를 뒤따르고 있지만
내 영혼의 명령에 따르는 나의 행위가
곧 나의 최선이다.

《정직한 인간의 운명》 중에서

성공의 크기가 크든 작든, 일찍 만나든 늦게 만나든 그 나름대로 모두 훌륭하다. 당신이 유일하게 신경 쓸 것은 자기 마음의 진동에 따라 한 걸음 내딛는 일이다.

깨달은 것

- 성공을 바란다면 눈이 아닌 마음을 믿어라. 마음의 진동은 성공을 향하는 나침반이다.
- 시작할 때와 똑같이 한 걸음씩, 지루한 발걸음을 반복적으로 내디딜 때 성공을 만난다.
- 실패는 단지 미도달을 나타내는 말이다. 부정적인 느낌은 버리고 익숙해져라.
- 진정한 실패란 이제는 발걸음을 내딛지 않겠다고 '스스로 결심했을 때'다.
- 성공은 만드는 것이 아니라 '만나는 것'이다.
- 성공은 일찍 만나든 늦게 만나든 그 나름대로 훌륭하다.

가슴 뛰는 시간으로
돌아갈 수 있다면
두려워 마라

'육회한 연어'가 100호점 출점했을 때 새롭게 기획한 '아맛나 슈퍼·29포차'라는 브랜드도 10호점 출점을 마쳤다. 2016년 4월에 런칭한 아맛나 슈퍼는 슈퍼마켓 컨셉의 가성비 좋은 레트로 포장마차이다. 육회한 연어가 안정권에 들어서면 바로 런칭할 수 있도록 준비해왔다.

동네에 하나쯤 있는 오래된 슈퍼마켓처럼 친근하고 편안한 느낌을 추구했다. 옛 추억의 상점을 구현하기 위해 매장 입구에 추억의 과자를 진열하고 내부는 옛날 간판을 설치했다. 메뉴는 부담되지 않는 가격으로 즐길 수 있게 구성했다.

새로운 브랜드를 기획하고 현실화해가는 과정은 즐겁다. 그 공간에 사람들이 옹기종기 모여 각자의 이야기를 풀어놓는 모습은 언제나 행복을 준다. 하지만 정말 중요한 건 창업이 아니라 수성이다. 만드는

옛날 노포 느낌의 레트로 포차 '아맛나 슈퍼'

건 쉽지만 지키는 건 늘 어렵다.

사상누각沙上樓閣

늘어난 직원을 위한 주기적인 세미나와 외부 업체 미팅, 창업 상담으로 연일 바쁜 하루를 보냈다. 창업 저널에 인터뷰도 했다. 모든 것이 내가 그려왔던 바람이었다. 전국에 매장이 생겨나니 주변 사람들에게서 연락이 왔다.

"형재야, 우리 집 근처에도 생겼던데 대단하다."

"그랬구나. 다음 주에 오픈이야. 고마워."

그러나 마음은 무거웠다. 모든 게 예상대로 흘러가고 있기에 즐거워야 하는데 마음은 다르게 말하고 있었다. 규모가 커질수록 그 느낌이 더 강하고 분명해졌다. 그것은 마치 모래 위에 성을 쌓고 있는 느낌이었다. 애정을 쏟으면 쏟을수록 모든 노력의 결과가 한순간에 무너질 것 같았다. 혼란스러웠다.

'지금 우리는 잘되고 있는 것일까? 아니면 그렇게 보일 뿐인가.'

어둠 사이로 거리의 네온사인들이 보였다. 그 불빛은 영원히 빛날 것처럼 경쟁하듯 번쩍거렸다. 하지만 아침이 오면 저 심연의 불빛들은 하나도 남김없이 사라질 것이다. 언제 그랬냐는 듯이.

어느 날, 모든 직원이 모인 자리에서 말했다.

"여러분, 저는 새로운 브랜드 기획을 위해 잠시 떠나겠습니다."

"다시 오시는 거죠?"

"그럼요, 회사가 한층 더 성장했을 때 돌아와야죠."

다시 오겠다고 했지만 그런 순간은 오지 않을 것이다. 나는 미래의 모습을 생생하게 그릴 수 있고 심장이 두근거리는 일을 찾는다. 만약 그렇지 않다면 그것은 나의 일이 아니다. 8평 매장에서 느꼈었던 살아 숨 쉬는 느낌만이 내가 존재하는 이유다. 회사의 규모를 키우고 나니 그 의미는 더욱 분명해졌다. 사업의 규모나 크기는 행복의 요소가 아니다. 우주 안에서 크기란 무의미하다. 오직 내 마음의 진동을 따라서 나만의 길을 가야 한다.

돌아보니 지난 시간 숨 가쁘게 달려오면서 잊고 지낸 것들이 많았다. 의미 있는 무언가가 필요했다. 나비가 되지 못하고 덩치만 키우는 애벌레에겐 희망이 없다. 날개를 펴기 위해선 가슴 뛰는 시간이 필요하다. 열정의 날개를 활짝 펼쳐서 미지의 세계로 날아올라야 한다.

새로운
시작

"대표님, 이제 뭐부터 하면 될까요?"

"재밌는 거."

2016년 8월, 용산 청파동 허름한 건물 2층에 두 칸짜리 사무실을 임대했다. 평소 의기투합했던 두 명의 멤버와 함께였다. 우리는 브랜드 기획과 매장 운영 외에도 외식문화에 대한 전반적인 이야기를 자주 나눴다. 서로의 경험과 노하우를 아낌없이 공유했고 함께 미래를 이야

무더운 여름, 사무실 준비 중에(좌), 아이디어 월(우)

기했다.

나는 상상하고 이야기하는 것을 좋아한다. 이때 느껴지는 가슴 벅찬 기분은 나의 근본적인 에너지원이다. 내 이야기에 동화되는 누군가가 있다면 흥과 에너지가 증폭된다. 이 두 명과의 대화가 그랬다. 늘 즐거웠고 이야기를 나눌수록 더 분명하고 선명한 미래를 그릴 수 있었다.

많은 사람은 아이템이 사업에서 가장 중요하다고 말한다. 하지만 더 중요한 것은 함께하는 '사람'이다. 유능한 사람이 모이면 아이템은 저절로 만들어진다. 나의 모든 사업은 유능한 사람을 먼저 모으고 그 다음 함께 구상하는 방식으로 진행됐다. 혼자 아이템을 구상하는 것보다 장점이 많다. 첫째, 서로의 아이디어를 공유하면서 정한 아이템이 더 구체적이다. 둘째, 현실화시켜 가는 과정이 재미있다. 셋째, 모두 적극적으로 참여하게 된다.

남이 정해준 것을 하면 노동이지만 스스로 정한 것을 수행하면 주인이 된다. 미래를 그릴 줄 아는 사람은 주체적이고 능동적이다. **리더는 지시가 아니라 각자 맡은 분야에서 주인이 될 일을 찾아주고 환경을 조성해주는 사람이다.** 이런 사람들과 함께하면 일은 알아서 돌아간다. 이것이 시스템이다. 그러므로 리더는 시스템을 만드는 사람이다.

"아이템은 친숙한 게 좋겠어."

"그럼 치킨이나 찜닭, 닭볶음탕 같은 거 어떨까요?"

나는 아이템 자체를 중요하게 생각하지 않는다. 세상 아래 새로운

닭요리 고수들이 승부를 펼치는 콘셉트

건 없기 때문이다. 나의 유일한 관심사는 평범한 아이템을 새로운 시선으로 바라보고 표현하는 방법이다. **유일한 아이템은 없지만 나만의 방식으로 해석하면 어떤 것이든 유일해진다.**

"우리가 각자 닭요리의 전문가가 돼보면 어떨까?"

"재밌겠어요."

우리는 '친숙한 요리의 완벽한 조화'라는 문구를 메뉴 개발 슬로건으로 정했다. 모두에게 익숙한 요리 치킨, 찜닭, 닭볶음탕을 우리만의 방식으로 특별하게 표현하자는 것이다.

각자 찜닭, 치킨, 닭볶음탕을 대표하는 사람이 돼 선의의 경쟁을 펼친다는 스토리를 메인 콘셉트로 정하고 아이디어를 접목해 나갔다.

"이름은 뭐가 좋을까요? 닭요리가 세 종류인데요."

"치킨의 요람 '치킨대학교'는 어때?"

상호는 치킨대학교로 정했다. 대학에서 연상되는 요소를 재밌게 풀어낼 수 있을 것 같았다. 방문한 모든 손님에게 즐거운 경험을 만들어주며 스스로 자랑스러운 일을 하고 싶었다.

치킨대학교의
시작

치킨대학교는 경험과 재미에 초점을 둔 브랜드이다. 대학에서 연상되는 것을 외식업에 접목해 이색적인 경험과 재미를 선사하는 것이 핵심이었다.

영업이 시작되면 '개강 중' 표시에 불이 들어온다. 벽에 교가도 걸려있다. 손님이 치킨대학교에 들어서면 학생이 된다.

졸업장처럼 생긴 메뉴판을 열면 닭요리 학과별로 메뉴가 소개돼 있다. 자리에는 테이블 페이퍼가 놓여있는데 자율적으로 '치킨능력평가' 문제를 풀 수 있다. 메뉴판을 보면 누구나 쉽게 풀 수 있는 쉬운 문제였다.

만점을 받은 학생에게는 장학금이 수여된다. 퇴실하는 손님은 입구에 비치된 학과별 성적표에 스티커를 붙인다. 가장 마음에 들었던

치킨대학교 전경

영업을 알리는 '개강 중' 표시

메뉴를 선택하는 것이다. 스티커를 붙이는 손님에겐 간단한 후식을 증정한다. 학과별 성적표는 메뉴에 대한 선호도를 분석할 때 요긴하게 활용됐다.

메뉴 종목을 정했으니 이제 시그니처 메뉴를 만들어야 한다. **세상 아래 특별한 메뉴는 없다.** 단지 특별하게 해석할 뿐이다. 찜닭, 치킨, 닭볶음탕을 어떤 방식으로 우리만의 표현을 할 수 있을까?

"우리가 승부를 펼치는 콘셉트니까 모두 맛볼 수 있는 하나의 메뉴를 만들자"

메뉴를 만드는 건 어렵지 않다. 중요한 건 '어떻게' 낼 것인가이다. 뭔가 독특한 방법으로 닭요리를 맛보게 하고 싶었다.

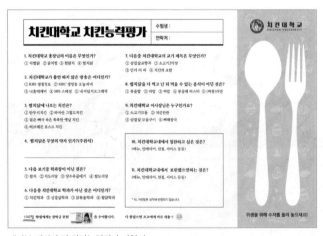

테이블 페이퍼 겸 치킨능력평가 시험지

만점 받은 손님을 위한 장학금 증정 이벤트, 장학금 피켓

"어떤 그릇이 있는지 답사 다녀오자."

브랜드를 기획할 때 그릇이나 소품은 온라인으로 조사하고 구매해야 시간을 아낀다. 하지만 온라인에서 구할 수 없는 독특한 것이나 제작이 필요한 것은 도매업체에 방문해 정보를 얻는 것이 빠르다. 모든 것이 명확하지 않을 때는 우선 행동하면서 구체화시켜 나가야 한다. 행동하면 영감이 떠오른다.

무작정 주방용품 도매업체를 방문해 눈에 들어오는 냄비나 기물이 있는지 살폈다. 업체 담당자에게 몇 가지 요리를 하나에 담을 냄비나 그릇이 있는지, 요즘 기물 중 독특한 게 있는지 물었다.

"이건 어떨까요?"

업체 관계자는 무쇠로 만든 반반냄비를 보여줬다. 대부분의 반반냄비는 샤브샤브나 국수요리에 적합하게 만들었다. 그런데 이 냄비는 닭요리를 위해 만든 것처럼 보였다.

"찜닭 냄비로 제작했던 건데 수요가 많지 않아 재고가 많습니다."

판매량이 적어 범용화되지 못한 제품이었다. 이런 제품은 시중에 없어 특별함을 줄 수 있지만 재고 소진 후 추가 생산이 불가능하면 난처해진다.

"재고 소진 후 추가 생산 가능한가요?"

"금형이 있어서 제작은 가능한데 수량에 따라 단가가 달라집니다"

"우선 견적 부탁드릴게요, 그리고 추후 금형을 우리가 구매할 수 있을까요?"

독특한 제품은 시그니처화 할 수 있어 금형 구매 여부도 함께 확인했다. 금형(동일한 형태의 제품을 생산하기 위한 틀 중 금속으로 만들어지는 형틀)을 소유하면 도매업체가 다른 곳에 판매하지 못한다. 아직 구매를 결정한 건 아니지만 실현 가능 여부를 미리 타진해야 한다.

무쇠로 만든 반반냄비, 주방 기물 도매업체 방문

이 반반냄비에 찜닭과 닭볶음탕은 담아낼 수 있지만 치킨은 어떻게 해야 할지 고민됐다. 별도의 다른 그릇에 나갈 수 있지만 특별한 느낌을 줄 수는 없다. 한 냄비에 담아 나갈 수 있어야 했다. 고민 끝에 냄비 위에 치킨을 담는 보강물을 별도로 제작하기로 했다.

한 가지 요리만 파는 전문점과 다르게 세 가지 닭요리를 동시에 판매하는 건 자칫 이것저것 판매하는 비전문점 같은 인식을 줄 수 있어 맛도 구성도 각별히 신경 써야 했다. 만약 성공한다면 '피자와 치킨' 세트처럼 새로운 구성을 제시하는 독특한 브랜드가 될 것이고, 실패하면 뭘 파는지 알 수 없는 그저 그런 브랜드가 될 것이다. 그렇기에 중심을 잡아줄 시그니처 메뉴가 중요했다.

뛰어난 것은
어떻게
만들까

뛰어난 메뉴(제품)를 개발하기 위해선 요리사(제작자)가 아닌 실험실 연구원의 마인드가 필요하다. 많은 사람들이 좋은 제품을 개발하기 위한 조건으로 '경험과 숙련도'를 꼽는다. 하지만 이것은 착각이다. 제품을 능숙하게 만드는 것과 새로운 제품을 만드는 건 다른 능력이고 때로는 반대된다. 제작자는 기존 정보를 구현하기에 '정교'하고 '정확'하게 사고해야 한다. 반면 개발자는 새로운 것을 찾아야 하기에 '융통성'과 '창의적 사고'가 필요하다.

또한 훌륭한 개발자는 임의로 추측하지 않고 실험과 테스트로 궁금증을 풀고 단서를 얻는다. 뛰어난 제품은 이런 과정에서 '우연히 찾는 것'이다. 따라서 호기심이 많고 실행력이 뛰어나며 집요해야 한다. 제작은 반복하고 숙달하면서 배울 수 있지만 개발은 사고방식을 이해해야만 배울 수 있다.

▶ **뛰어난 것을 만들기 위한 조건** ◀
① 창의성   ② 호기심   ③ 실행력   ④ 집요함
▌**훌륭함이란 개발하는 것이 아니라 '찾는 것'이다** ▌

좋은 것을 많이 알고 있다고 저절로 메뉴 개발이 되지 않는다. 맛있는 것에 맛있는 것을 더한다고 더 맛있는 것이 되지 않는다. 오히려 맛없는 것이 나올 확률이 더 크다. 의외의 조합에서 맛있는 레시피를 발견하는 예는 너무 많다. 그렇기에 좋은 개발자는 기존의 관성을 깨고 끊임없이 실험하고 집요하게 테스트한다.

좋은 메뉴개발자는 현재의 것에서 늘 새로움 찾는다. 시도한 횟수만큼 성공 확률이 올라간다. 이는 모든 분야를 관통하는 보편적 진리이다.

지금까지 내 전문 분야 중 하나인 메뉴 개발을 예로 하나의 히트 메뉴가 만들어지는 과정을 이야기했다. '메뉴 개발'이라는 단어 대신 당신이 일하는 분야에 따라 알맞은 단어를 대입해서 다시 읽어봐도 의미는 결국 같다. 뛰어난 것이 탄생하는 과정은 분야와 모습만 다를 뿐 모두 상통한다.

깊은 인상을
남기려면
기존의 틀을 깨라

드디어 치킨을 담을 수 있는 보강물이 완성됐다. 반반냄비 위에 올려보니 완벽하게 들어맞았다. 드디어 치킨대학교에서만 볼 수 있는 특별함이 추가된 것이다.

냄비에 메뉴를 담아보니 구성이 더 조화로웠다.

치킨대학교 전용 반반냄비

"찜닭이랑 닭볶음탕을 먹고 난 뒤에는 볶음밥이랑 라면까지 할 수 있겠는데."

보통은 후식으로 볶음밥이나 라면 사리 중한 가지를 선택하는 게 일반적인데 이 냄비에는 두 가지를 동시에 선택할 수 있었다. 한 개 메뉴로 '찜닭', '치킨', '닭볶음탕', '볶음밥', '라면'까지 다섯 가지 음식을 맛볼 수 있게 된 것이다.

"메뉴명은 1석 5조 찜치닭으로 하자."

메뉴명은 찜닭, 치킨, 닭볶음탕의 앞 글자를 따서 '찜치닭'이라고 지었다.

우리는 '찜치닭'에 의미를 부여했다. 세상에 모든 단어는 누군가가 최초에 의미를 부여했기에 생겼다. 찜치닭도 마찬가지다. 없는 단어지만 의미를 담았기에 비로소 존재하게 된 것이다. 이제부터 찜치닭을 세상에 알리는 것은 우리의 사명이 됐다.

많은 사람이 여러 재료를 첨가하려고만 한다. 새로운 재료, 익숙하지 않은 음식이 기존의 음식보다 더 훌륭한 건 아니다. 그러나 흉내 내기, 따라하기에 집착하다 보니 자꾸만 복잡해진다. 반면 재료 본연의 맛은 아주 단순하다. '친

찜치닭 메뉴 먹는 방법

찜치닭 닭 치킨 볶음탕

[명사], [합성어], [신조어]
1. 찜닭, 치킨, 닭볶음탕이 한 냄비에 조리되어 나옴.
2. 치킨대학교에서 최초로 만든 신조어.
3. [같은말] 닭요리의 모든 것은 치킨대학교와 함께.

치킨대학교가 만든 신조어 '찜치닭'

숙한 요리의 완벽한 조화, 완벽한 요리의 친숙한 조화'라는 우리의 슬로 건처럼 익숙한 것을 새로운 시선으로 해석하자 절묘하게 시류를 탔다.

치킨대학교
오픈하다

드디어 첫 오픈 날, 늘 그랬듯 나는 나만의 나라에서 온전히 살아갈 것이고 이곳으로 많은 사람을 초대할 것이다. 그들을 위한 모든 것들 은 준비돼 있다. 이제부터 시작이다.

오픈 초기에는 손님이 없고 한가했다. 오픈하자마자 바쁜 경우는 운이 좋거나 상권이 좋은 경우다. 좋은 상권은 한정적이고 운은 기대할 만한 것이 못 되니 장사를 시작하면 손님이 알아서 찾아줄 것이라는 생각을 버려야 한다. 시간이 지나면서 자연히 손님이 늘어나기도 하지만 그때까지 손 놓고 앉아서 기다릴 수는 없다.

이제부터 오픈 매장을 빠르게 알리는 방법과 매장 운영에 도움이 될 이야기를 하려 한다. 아래 설명한 '오픈 초기 해야 할 6가지'는 동시에 진행할수록 효과가 크다.

첫째, 매장 외부에 식사가 가능한 공간을 마련한다.

외부에 공간이 없다면 창문 쪽부터 우선으로 자리를 배치한다. 지나가는 사람들이 최대한 가까이에서 음식을 볼 수 있도록 하는 것이 목적이다. 감각기관 중 시각의 인지 비율이 가장 높다. 어떤 식으로든 계속 노출시키려고 노력해야 한다.

둘째, 무료 시식행사를 한다.

마트나 쇼핑몰에서 봐왔던 것처럼 하면 된다. 조금 맛볼 수 있을 정도로 제공하면 된다. 시식을 하는 사람도 있지만 대부분 그냥 지나친다. 그렇더라도 효과가 없는 것은 아니다. 매장 앞에서 뭔가를 나눠주는 모습만으로도 매장의 존재를 알리기에 충분하다. 그런데 시식행사를 진행하려면 번거로운 부분이 있다. 시식대와 기물을 준비하고 주방에서 음식을 만들어서 시식대까지 옮겨야 한다. 무엇보다도 난생처음 하는 일이라 부끄러움이 앞선다. 하지만 어떤 방식으로든 안 하던 일을 하려면 관성을 깨야 한다. 한 번 준비해서 진행해보면 다음부턴 어렵지 않다. 시식 행사 소품은 따로 보관해놓고 한가한 시간에 수시로 행사를 진행한다.

셋째, 전단지를 돌린다.

전단지의 목적은 '어떤 느낌을 전달하는 수단'이다. 사람들은 전단지를 받으면 바로 버리거나 주머니 안에 구겨 넣고 있다가 쓰레기통에 버린다. 예쁘고 정성스럽게 전단지를 만들어도 그것을 알아주는 사람은 거의 없다. 사람들은 전단지의 내용에 관심이 없다. 하지만 전단지를 '전달하는 방법'으로 기억에 남는 특별한 인상을 줄 수 있다. 그 방법을 치킨대학

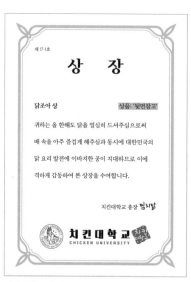

치킨대학교의 '상장' 전단지

교의 예로 설명해보겠다. 치킨대학교의 전단지는 상장이다.

보통 전단지를 나눠주면서 "새로 오픈 했습니다, 한번 방문하세요, 서비스 많이 드릴게요."와 같이 상투적인 홍보 멘트를 한다. 이런 멘트는 아무런 인상을 주지 못한다. **깊은 인상을 남길 수 있는 방법 중 하나는 기존의 틀을 깨고 의외의 행동을 하는 것이다.** 나는 마치 상장을 수여하듯이 전단지를 나눠줬다.

"상장을 수여합니다."

"네?"

"여기 뒷면을 잘라 오시거나 상장을 가지고 오시면 상품도 드려요. 치킨대학교는 저기 사거리에 있습니다."

"아하, 상장이 아니라 전단지였네요. 하하."

사람은 봐 달라고 하면 보지 않고 특별한 경험을 주면 알아서 찾아

상장 전단지를 나눠주는 나의 모습(2016년)

본다. 상장을 받는데 기분 나쁜 사람은 없다. 이런 멘트와 상장은 기억에 남게 하는 좋은 수단이 된다. 이런 효과를 내려면 조금 번거롭더라도 전단지를 돌리는 일을 시간제 아르바이트보다 직접 하거나 믿을 만한 팀원을 교육시켜 하는 것이 좋다.

넷째, 음식을 세팅하면서 맛있게 먹는 방법을 알려준다.

오픈 초기에는 비교적 한가해 손님에게 메뉴를 안내할 시간적 여유가 많다. 메뉴를 맛있게 먹는 방법을 설명하면서 음식을 굽거나 비벼주는 명분을 만들어 손님과 대화를 나누면 좋다. 물론 손님의 성향에 따라 부담스러워하지 않는 선을 지켜야 한다. 대화가 잘 통하는 손님들과는 얘기를 많이 나누면서 피드백을 받는다.

손님이 원할 경우 치킨대학교 교가를 불러드리기도 했는데 주변 손님들도 함께 즐거워했다.

치킨대학교 교가 '치킨의 요람

다섯째, 오픈 한 달 동안은 '집중적으로' 메뉴를 수정한다.

오픈 초반에는 손님들의 피드백을 잘 분석해야 한다. 전문가들이 모여 고심해도 놓치는

두 번째 대표메뉴 '치킨한판'

부분은 발생하게 마련이다. 전문가의 함정이라는 말처럼 어렵고 복잡한 부분에 더 신경 쓰면 당연한 부분을 놓치기도 한다. 오히려 쉬운 부분을 놓치는 것이 더 좋지 않다. 당연한 것도 모르는 초보 가게라는 인식이 생기기 때문이다. 매장 오픈까지 얼마나 고생했는지 알아주길 바라지 마라. 손님들의 피드백을 받아서 테스트해 보고 결과에 따라 레시피와 메뉴 구성을 보완하고 메뉴판을 수정해 나가야 한다.

오픈은 완벽한 상태에서 하는 것이 아니다. 보완해야 할 점은 끊임없이 생긴다. 애초에 완벽함이란 존재하지 않는다. 완벽해지기 위해 노력하는 행위 자체가 사업이다. 이 과정이 번거롭다고 생각하면 성장을 기대하기 어렵다.

여섯째, 한가한 시간에 해야 할 일을 정해 둔다.

할 일이 없다고 핸드폰을 보거나 가만히 앉아 있으면 안 된다. 최악은 가게 앞에서 직원들이 담배를 태우는 행동이다. 능동적인 직원이 아닌 이상 이런 상황은 꼭 생긴다. 보통은 이를 '방지하기 위해' 청소를 시키거나 손님 응대 시뮬레이션을 해보거나 주방 정리 및 식자재 체크를 하도록 한다. 그러나 이런 일의 목적이 나태함을 방지하기 위한 것이 돼서는 안 된다. 구색으로 시키는 일은 직원들에게 동기를 줄수 없다. 단순한 시간 때우기 외에 어떤 의미도 부여할 수 없기 때문이다. 가만히 있는 모습이 보기 싫으니 어떤 것이든 시킨다는 마음을 버리자. **우리는 목적을 실현하기 위해서만 행동해야 한다.** 그렇지 않으면 황금 같은 시간을 그냥 흘려보내게 된다.

시간을 효율적으로 사용하려면 어떻게 해야 할까?

자기계발 및 마인드셋 교육 중, 필수로 매주 1회 또는 수시로 진행했다

◉ 개인별 장기 추진 업무를 부여한다.

일일 업무 외에도 주간, 월간 나아가 연간 목표가 계획돼 있어야 한다. 초안이라도 좋다. 남는 시간에 관련 업무를 할 수 있고 미래지향적인 행동을 취할 수 있다. 장기 업무라고 해서 거창할 필요는 없다. 주변 가게 판매 추이나 이벤트 활동을 파악한다든지 배달 어플을 보며 주문수나 매출 추이를 종합해도 된다. 팀원급 직원이라면 직책별 업무

오픈 후 매장 모습, 연일 만석을 이뤘다

바인더 제작이나 전국의 유명한 가게들을 분석해 벤치마킹할 자료를 찾아보면 좋다.

⊙ 자기계발 및 마인드셋 교육을 한다.

매장 운영이나 영업활동은 수익 창출에 초점을 둔 활동으로 사업의 확장과는 직접적인 연관이 없다. 수익은 나지만 운영하는 사람의 수준이 따라오지 않아 망하는 회사가 넘쳐난다. 가게를 성장시키고 싶다면 구성원의 마인드와 사고방식의 수준을 높여야 한다.

교육은 주기적으로 하면 좋지만 매장 운영까지 섭렵하면 좀처럼 시간 내기 어렵다. 그렇기에 손님이 없는 한가한 시간을 활용해야 한다. 나는 한 명씩 돌아가면서 10~20분 교육을 진행하게 했고 주기적으로 성과를 분석해 보너스나 휴일을 포상으로 주었다.

위에서 언급한 내용은 그리 새롭지 않다. 나도 이 사실을 안다. 하지만 성공에 다가가는 뾰족한 방법이나 지름길은 없다. 다만 누구나 다 아는 것을 **누가 집요하게 계속 실행하느냐의 차이만 있을 뿐이다.** 한두 번 해보고선 효과가 없다고 그만두면 안 된다. 꾸준히 시도했는데 성과가 없는 가게는 지금껏 단 한 번도 보지 못했다. 다시 한번 말하지만 **성공의 확률은 시도의 횟수에 비례한다.**

계속
시도한다는 것

오픈 후, 한 달이 채 되기 전에 매장은 손님들로 만석을 이뤘다. 바쁜 일상에도 '오픈 초기 해야 할 6가지'는 꾸준히 진행했다. 창업은 쉽

빙고게임을 진행하는 나의 모습

당첨자에게 나눠준 '학생증' 쿠폰

지만 수성은 어렵다는 진리, 만석은 쉽지만 유지는 어렵다는 사실을 익히 아는 까닭이다. 초심을 잃지 말고 매일 첫날인 것처럼 할 일을 해야 한다.

소문을 듣고 찾아오는 손님들이 점점 늘어났다. 새로운 아이디어는 더해져 갔다. 매주 목요일 오후 7시에 빙고 게임을 진행했다. 무언가를 시도한다는 건 즐거운 일이다. 설령 그것이 효과가 없을지라도 시도하는 모습은 주변 사람들에게 영감과 용기를 준다.

사람들은 내가 빙고 게임을 진행하거나 대중 앞에서 이야기하는 모습을 보고 외향적 성격이라고 여긴다. 사실 나는 내성적 성격에 가깝다. 단지 그 순간에 도전하고 있다는 사실을 즐길 뿐이다. 부끄럼이 많고 내성적인 사람도 자신이 좋아하는 일을 할 때는 에너지가 분출된다. 자신의 공간 안에서 온전히 자기 삶을 살아가는 것만큼 즐거운 것은 없기 때문이다.

앞서 말했듯 버스킹 공연이나 빙고 게임은 새로운 시도를 위한 명

버스킹 공연, 8평 매장에서부터 인연이 된 '로켓슈즈'

분이었다. 그것만이 매출이나 성공을 보장하지 않는다. 요컨대 **무언가를 시도함으로써 스스로 즐겁게 일할 수 있고, 대중에게 재밌는 시간을 만들어주며, 살아있는 가게라는 느낌을 전달한다.** 이것은 요령으로 할 수 있는 일이 아니다. 진정성과 정성이 담기지 않으면 스스로 즐길수 없고 즐길 수 없다면 꾸준할 수 없다.

언제
확장해야
하는가

매장은 예상했던 것보다 빠르게 궤도 위에 올랐다. 새로운 지점을 출점할 시기라는 확신이 들었다. 확장은 기분 좋은 도전이지만 느낌으로만 판단하면 안 된다. 특히 위험한 건 매출만 보고 확장하는 경우다. 매출은 결과일 뿐 핵심은 시스템이다. 시스템이라고 하니 거창할 것 같지만 어려운 것이 아니다. 다음의 조건이 갖춰졌다는 의미이다.

첫째, 기존 사업의 잉여수익이 두 번째 사업의 고정비를 감당할 수 있어야 한다.

사업은 펼쳐놓는다고 매출이 오르거나 순수익이 발생하지 않는다. 수익분기점(총 매출이 지출비용을 감당하고 순수익이 발생하는 구간)에 이를 때까지 인적, 물적 자본 투자가 계속돼야 한다. 완전한 궤도에 오르기

새로운 지점 예정지 현장 답사(2017년)

전까지 수익을 기대하면 안 된다. 자동차의 시동을 걸려면 일정 수준을 넘어서는 에너지와 연료가 필요하다. 우주선이 궤도에 진입해 최소의 연료(지출)로 최대의 운동 에너지(이익)를 얻으려면 성층권을 돌파하기 위한 강한 물리적 내구성과 많은 연료가 필요하다. 궤도에 오르기 전까지 모든 투자는 비효율적이다. 따라서 사업가에게 인내와 꾸준함은 필수 덕목이다.

둘째, 기존 매장(사업)에서 내가 자리를 비울 수 있어야 한다.

확장할 때 오너는 자리를 비울 수밖에 없다. 외부 업무에 집중하려면 안정적인 시스템을 갖춰야 한다. 많은 부분을 통제할 수 있는 건 오직 시스템뿐이며 그 자체가 하나의 두뇌이다. 좋은 시스템은 구성원의 집단지성을 이끌어 낸다. 엄청난 수익에도 불구하고 좌충우돌하다가 망하는 회사나 가게는 셀 수없이 많다. 수익을 결과일 뿐 절대적 판단 기준이 아니다. 단순히 운이 좋아서 일 수도 있고 개인의 역량이 좋아서 일 수도 있다.

나는 시스템을 크게 '사람'과 '원칙'으로 정의한다. 가게 두세 개까

새로운 오픈한 지점들, 20여 개점이 오픈됐다(2017년~2018년)

지는 개인의 능력으로 성장시킬 수 있다. 하지만 기하급수적으로 성장하려면 개인의 능력이 아닌 구성원 전체의 수준과 비전이 중요하다. 일정한 원칙으로 바탕으로 한 방향으로 나아가도록 이끌어야 한다. 유능한 리더는 인재를 발굴하고 육성하며 원칙을 만들고 지킨다.

셋째, 궤도에 오르기 전까진 수지타산을 따지지 않는다.

매출이 발생하면 먼저 수익을 생각한다. 하지만 수익분기점 이전까지 모든 매출은 고정비일 뿐이다. 오히려 수익분기점을 넘지 못하면 매출이 얼마든 그 차이만큼 적자다. 빨리 궤도에 오르면 좋겠지만 그렇지 못하면 적자는 쌓여간다. 그러므로 최우선 과제는 어떻게든 빨리 수익분기점에 도달하는 것이다.

그런데 수익분기점에 도달하기 전에 수익 폭을 늘리고자 재료의 양을 줄이거나 원가율을 낮추고 메뉴의 구성과 구색을 무시한다. 또한 마진폭이 높은 메뉴만 취급하거나 홍보에 신경 쓰지 않는다. 이는 궤도를 뚫고 나가야 하는 우주선의 시동을 꺼버리는 행동이다. 목이 마르다고 바닷물을 마셔서는 안 된다. 수익분기점에 도달하기 전에 절대 타산을 따지지 말자.

넷째, 예상보다 적자 폭이 클 땐 개인 지출을 과감히 줄여야 한다.

당연한 말이지만 이를 실행하는 사람은 많지 않다. 개인 지출을 줄이기 전에 필수 고정비를 먼저 줄이려고 한다. 궤도에 오르기 전까지는 필수 고정비를 절대로 줄여서는 안 된다. 개인 지출은 줄여도 사업에 아무런 영향이 없지만 필수 고정비를 줄이면 수익분기점에 도달할 수 없다. 상황이 극단적으로 나빠진 뒤에 개인 지출을 줄이는 건 어리석은 행동이다.

원가나 판매가격을 높여서 수익을 내려고 하기 전에 할부로 구매한 자동차를 팔아라. 마진폭이 큰 메뉴만 판매하고 싶거든 월세가 더 적은 집으로 이사 가라. 아무런 홍보도 하지 않으려거든 지금부터 담배와 술, 커피를 끊거나 줄이고 더 적게 먹어라. 이렇게 하면 삶이 더 비참해질 것 같은가. 내 경험상 삶은 더 가벼워지고 사업에 더 집중할 수 있었으며 몸은 더 건강해졌다. 기억하라. 성공한 사람들은 남들이 비참하다고 생각하는 것들을 기꺼이 행한 사람들이다.

믹스와 융합 :
세상 아래
새로운 건 없다

어느 날 한 통의 전화가 걸려왔다.

"안녕하세요, KBS 생생정보 ○○○작가라고 합니다, 혹시 대표님 되시나요?"

어떤 커뮤니티에서 치킨대학교와 찜치닭을 알게 됐다면서 방송 출연이 가능한지 물었다. 미디어에 노출되는 건 좋은 일이다. 그 자체로 광고 효과가 있기 때문이다. 메뉴의 콘셉트와 스토리를 잘 갖춰놓으면 비용을 들이지 않고 노출될 수 있다. 공중파 방송은 유료 대가성 광고가 아니기에 신뢰도도 높다.

미디어에서 먼저 찾는 가게는 그만큼 잘될 확률이 높다. 트렌드의 가장 선두에 있는 언론의 호기심을 끌었다는 것만으로도 가능성이 검

KBS 2TV 생생정보 촬영 중(2017년)

증된 것이다. 내가 만든 메뉴 중 방송에 나가지 않은 메뉴가 없다. 하물며 맛집 프로그램이 아닌 KBS 2TV 9시 뉴스에도 방송된 적이 있다. 내가 만든 5개의 메뉴 전부 방송국에서 먼저 촬영을 요청하니 꽤 높은 확률이지 않은가? 그러나 이건 운에 가깝다. 내가 한 일은 운의 확률을 '트렌드'와 '믹스'로 끌어올렸을 뿐이다.

믹스와 융합

"세상 아래 새로운 건 없다. 새로운 시선으로 바라볼 수 있을 뿐이다.", "가치는 해석에 의해 정해진다."라는 말이 있다. 어떤 것을 만들거나 창조하는 데 매우 중요한 지점을 짚어주고 있는 표현들이다. 브랜딩에 '비틀기'라는 말이 있다. 세상에 없는 것을 만들어 내기보다 있는 것을 새로운 시선으로 보라는 뜻이다. 내가 새로운 사업을 구상하

방송에서 소개된 찜치닭, KBS 2TV 생생정보, 그녀들의 야심만만, MBC 오늘저녁(2018년)

거나 브랜드를 기획하거나 신메뉴를 만들 때도 적용하는 개념이다.

그렇다면 비틀기는 어떻게 해야 할까? 이에 대해 나는 두 권의 책을 추천한다. 티모시 페리스의 《타이탄의 도구들》과 앨런 가넷의 《생각이 돈이 되는 순간》이다.

《타이탄의 도구들》 핵심은 한 분야에서 최고가 되려는 것보다 평균 이상의 수준으로 다양한 분야를 '합치는 것'이 더 쉽고 빠르게 성공한다는 것이다. 예를 들면, 최고의 만화가나 개그맨이 되는 것보다 평균 이상의 실력으로 만화를 그리는 사람이 평균 이상의 유머 감각과 합쳐졌을 때 '코믹 만화가'라는 특정 분야로서 더 쉽고 빠르게 성공에 이른다. 나의 경우도 마찬가지다. 나는 최고의 요리사도, 브랜드 기획자도, 이벤트 진행자도 아니다. 하지만 300여 개 지점과 함께하는 프랜차이즈 본사의 대표로 각종 이벤트 행사를 직접 진행하고, 유튜브 콘텐츠를 만들고, 맞춤형 창업 컨설팅까지 복합적으로 활동한다. 이렇게 다방면에서 활약하는 사람은 아마 외식업계에서는 내가 유일하지 않을까 싶다. 이런 요소를 합치다 보니 현재는 미디어를 접목한 창업 교육

프로그램과 장례 상조 사업도 계획 중이다. 이것은 특정 분야에서 최고가 아닌 다양한 영역에서 평균 이상의 수준이기에 파생된 효과이다.

또 다른 책 《생각이 돈이 되는 순간》은 익숙한 것을 새로운 시각으로 해석하기, 반대로 새로운 것을 익숙하게 표현하는 효과에 관해 이야기한다. 사람의 인식은 너무 익숙하거나 반대로 전혀 새로운 것에 매력을 느끼지 못한다. 익숙하면 진부하고 새로우면 낯설고 불편하기 때문이다. 호감을 끄는 트렌드는 너무 가깝지도 멀지도 않게 딱 반 발자국만 앞서가는 것이다.

이를 적용한 나의 구체적인 사례가 있다. 앞서 말한 육회한 연어는 '연어 무한리필'과 '육회'를 세트로 판매하는 콘셉트의 브랜드로 지점 100여 개를 출점했다. 시그니처 메뉴인 '육회한 연어 세트'는 당시 유명했던 연어 무한리필 가게와 육회로 최고의 매출을 올리던 가게에서 힌트를 얻어 탄생한 것이다. 당시 나는 연어로도, 육회로도 최고가 아니었기에 어느 한 분야로는 경쟁력이 없었다. 그래서 연어 무한리필과 육회의 '조합'을 선택했던 것이었고 이것은 차별화가 됐다. 치킨대학교의 사례도 마찬가지다. 상호에서 알 수 있듯 치킨과 대학교를 '융합'했다. 메뉴도 마찬가지다. 시그니처 메뉴인 찜치닭은 찜닭과 치킨, 닭볶음탕을 한 냄비에서 맛볼 수 있고 남은 국물에 볶음밥과 라면을 끓여 마무리 식사까지 하도록 했다.

각 방송사에서 촬영 중인 모습

교가를 만들어서 매장에서 틀어놓는다거나, MT에서처럼 빙고게임 같은 이벤트를 진행한다던가, 테이블 페이퍼로 시험지를 만들어 문제를 맞힌 손님에게 장학금을 증정하는 등 손님이 대학교를 떠올리도록 재미를 가미했다. 이런 것들은 금방 입소문을 탔고 KBS 생생정보, MBC 오늘저녁, SBS 스페셜, 일본 니혼티비, 태국 채널3 등 국내외 언론에 소개됐다.

뒤에서 소개될 '찜꽁찜닭'이라는 브랜드도 마찬가지다. 찜닭으로 최고가 되려 하기보다 '찜닭과 치킨의 조화로운 조합'으로 유일해지자는 콘셉트에서 출발했다. 찜꽁찜닭의 메뉴는 100여 개 지점에서 판매되고 있으며 현재도 계속 발전 중이다. 소곱창떡볶이 전문점 '곱떡치떡'도 다르지 않다. 떡볶이는 진부하지만 소곱창떡볶이는 이색적이다. 소곱창 또는 떡볶이를 파는 곳은 많지만 소곱창떡볶이를 파는 곳은 드물다. 곱떡치떡의 메뉴는 150여 개 지점에서 판매 중이다. 치킨과 꼬막, 골뱅이 전문점 '치꼬뱅'도 역시 마찬가지다. 150여 개 출점한 치꼬

좌측부터 곱떡치떡, 치꼬뱅, 찜꽁찜닭

뱅은 치킨 가게의 홍수 속에서 치킨과 골뱅이무침, 꼬막무침처럼 새로운 궁합을 찾는 분들에게 인기가 많다. 이렇듯 자신만의 방법으로 틈새시장을 만들어야 유일해진다.

중요한 건 '믹싱'이다. 기억하라. 아예 다르면 낯설고 익숙하면 진부하다. 그러나 이 둘을 합치면 유일해진다. '익숙한 것의 신선한 조화'라는 문구는 우리 회사의 슬로건이다.

지금까지 이야기했던 나의 실제 경험 사례를 참고해서 이색적인 콘셉트와 메뉴 개발 그리고 서비스까지 다방면으로 도움이 되기를 바란다.

고난은
달콤한 얼굴로
다가온다

2018년 어느 날, 중국과 홍콩에서 외식사업을 하는 회사의 담당자와 만났다. 그는 치킨대학교를 중국과 홍콩에서 런칭하고 싶다고 했다. 해외에서 가능성을 인정받은 것 같아 기쁜 동시에 해보지 않은 일이라 걱정도 됐다. 해외 영업과 운영은 모두 그쪽에서 하고 소스 등 전용 제품만 조달해주면 순이익을 5:5로 분배하는 조건이었다. 투자금 없이 선금 결제받으면서 전용 제품만 전달해주면 되니 굉장히 좋은 조건이었다.

"우선 북경 오도구와 홍콩 까우룽베이에서 먼저 메뉴를 판매해봐도 될까요?"

국내를 넘어
해외로

해외에서 우리의 메뉴를 판매하는 건 여러모로 좋은 일이다. 현지의 반응도 볼 수 있고 바이럴마케팅으로 활용할 수 있다. 더불어 실제로 판매하는 모습을 보면서 그들의 적극성과 신뢰도를 확인할 수 있다. 이후 현지 시범 판매에 관한 계약서와 기밀유지서약서를 작성하고

중국 오도구에서 시범 판매된 '찜치닭'과 '치킨한판'

레시피 전수를 마쳤다.

얼마 후, 그들은 오도구에서 메뉴를 판매한 결과를 알려왔다. 매출과 수익률, 현지인 반응 등 매우 긍정적이었다. 다만 현지인 입맛과 선호도를 반영한 메뉴를 추가로 개발하고 몇 가지 식자재를 현지 수급이 원활한 것으로 변경

홍콩에서 판매된 찜치닭 신메뉴(2018년)

하면 더 좋을 것 같았다. 예상 수익을 확인해보니 생각했던 것보다도 훨씬 괜찮았다. 더구나 시장이 넓은 중국에서 추가 지점이 생겨난다면 수익은 기하급수적으로 늘어날 것이었다.

홍콩 까우룽베이에서도 판매가 시작됐다. 현지인 입맛에 맞게 레시피를 일부 수정하고 신메뉴를 추가했다. 반응은 더 좋았다. 국내에서도 지점을 꾸준히 오픈해서 20여 개 점까지 출점한 상태였다. 이제는 잘될 일만 남았다고 믿었다.

정식 계약을 체결하기 전에 전용 제품을 어디서 어떻게 납품할 것인지를 구체적으로 정해놓아야 했다. 국내에서 생산해 납품하려니 절차가 까다롭고 번거로웠다. 무엇보다도 높아지는 원가율과 즉각적인 공급의 어려움이 제일 큰 문제였다. 결국 현지에서 생산해 납품하기로

결정했다. 현지에 제품 생산 공장과 창고를 마련하고 직영 매장을 추가로 오픈하자는 계획이었다. 이를 위해 필요한 비용을 구체적으로 계산해보니 그동안 모아놓은 것보다 훨씬 많은 돈이 필요했다. 그럼에도 긴 고민 끝에 투자를 결심했다.

부족한 금액은 가족과 지인에게 빌렸다. 무리한 강행이었지만 어쩌면 일생일대의 기회일지도 모른다고 생각했다.

고난의
시작

2017년 창업박람회에 참가했을 때 정부장이라는 사람을 만났다. 그는 다수의 국내 브랜드와 아이템의 해외 판로를 개척한 경험이 있다고 했다. 중국 진출 건으로 자주 소통하다 보니 자연스럽게 도움을 요청했다. 적극적으로 도움을 주는 모습에 신뢰가 갔다. 아직 국내 운영도 해야 할 일이 많고 시간도 촉박했기에 이번 일과 관련한 업무를 그에게 부탁하기로 했다. 중국 현지에 도착한 그는 제조 시설과 창고가 들어설 자리와 상권정보 등 각종 인프라에 대해 구체적이고 꼼꼼하게 알려왔다. 수시로 보내오는 사진을 보니 해외 진출이 비로소 실감이 났다. 모든 일이 잘 진행된다면 브랜드 발전에 박차를 가할 수 있었다.

나는 그에게 계약 및 자금 집행의 권한을 위임하고 현지 업무에 최선을 다할 수 있도록 적극 지원했다.

며칠 후, 그는 몇 가지 좋지 않은 소식을 전해왔다. 공장 임대계약과 사업자등록 상 행정절차에 문제가 생겼다는 것이다. 더불어 중국에는 '꽌시'라는 것이 있는데 '인맥'과 같은 의미로, 관계 형성을 위해 시간과 돈이 필요하다는 것이다. 국내에서도 집행해야 할 돈은 밀려 있는데 수중에 가진 돈은 없었다. 심란했지만 어떻게든 돈을 마련해야 했다. 중고차 어플을 통해 타던 차를 정리하고 주변 지인들에게 추가로 돈을 빌렸다. 마음은 무거웠지만 성공하기 위해서 치르는 과정이라고 생각했다.

이후로도 정부장은 추가금이 더 필요하다고 했다. 이제는 매장을 정리하지 않는 이상 자금확보가 불가능했다. 이런 상황에 아랑곳하지 않고 문제만 얘기하는 그가 야속하게 느껴졌다. 해야 할 일은 많은데 마음이 무거워 집중하기가 어려웠다. 자금을 마련할 방도가 없어 지푸라기라도 잡는 심정으로 매장을 내놓았다. 그 소식을 들은 지인이 매장을 양도받기를 원했다. 생각했던 금액에는 한참 못 미쳤지만 나중을 기약하며 매장을 양도했다. 다행히 자금을 확보할 수 있었다. 그런데 며칠 뒤 정부장은 또다시 추가금이 필요하다고 했다. 순간 감정이 폭발했지만 일이 틀어지면 안 되니 마음을 다잡으며 가까스로 화를 참았다. 이번에는 어떤 것 때문인지 물으니 뭔가 알 수 없는 이야기를 늘어놓았다. 정확하게 답변하지 못하고 횡설수설하는 것처럼 느껴졌다. 뭔가 일부러 문제를 만들어 내는 것 같았다.

"아니, 부장님! 그런 일 처리해달라고 보낸 거 아닙니까! 어떻게 일을 이렇게 하십니까!"

다음 날, 일을 계속 진행 시키기 위해 정부장에게 사과했다.

"부장님, 저도 힘든 게 많습니다, 추가금이 이렇게까지 늘어날 거라곤 전혀 예상하지 못했습니다. 지금도 나가야 할 돈이 많습니다. 하지만 부장님, 아직은 작은 회사고 부족한 자본으로 시작한 거 뻔히 아시면서 이런 상황은 예상했어야 했던 거 아닙니까. 끝까지 신경 써주세요, 부탁드립니다."

하지만 이미 내 안의 불안은 커지고 있었다. 시간이 지날수록 연락하는 횟수가 줄고 이런저런 변명이 많아졌으며 소극적으로 업무를 추진했다. 이 모든 건 좋지 않은 징조였지만 되돌릴 수는 없었다.

이후 정부장과 연락이 닿지 않았다. 간혹 통화가 되더라도 바쁘다며 전화를 끊기 일쑤였다. 이유를 물어보면 횡설수설했다. 자세히 물어볼수록 귀찮다는 듯이 이야기했다. 나는 머리끝까지 화가 나서 머리털이 쭈뼛 섰다. 이제는 이 사람을 믿을 수 없었다.

"부장님, 지금까지 진행된 내용 전부 빠짐없이 정리해서 보내주세요, 업무 관계자와 사무실 임대인 등 전부입니다. 검토하고 추가로 사람을 보내겠습니다."

이것이 정부장과의 마지막 통화였다. 이후 여러 사람을 통해 수소문해본 결과 실제로 진행된 건 하나도 없었다. 나는 사기를 당한 것이다.

이후의 상황은 길고 복잡하다. 여기서 설명할 순 없지만 아마 당신이 생각하는 것 그대로이다. 결국 내게 남은 건 자괴감과 빚뿐이었다. 이런 일은 뉴스에서나 볼 수 있다고 생각했다. 난생처음 겪는 상황에 정신이 혼미하고 하루가 어떻게 지났는지 기억나지 않는다. 심장이 두근거리고 가슴이 먹먹했다. 밥을 먹지 않아도 허기가 느껴지지 않았다. 서너 시간밖에 잠을 이룰 수 없었다. 입술은 부르텄고 머리엔 원형 탈모가 생겼다.

다시 떠올린 행복

문득, 8평 매장 앞에서 바라봤던 밤하늘을 떠올렸다. 그때 나는 혼자였고 작은 매장 외에 가진 것이 없었다. 그래도 하루하루가 즐겁고 행복했다. 행복감으로만 보면 그때가 가장 행복했던 시기라는 건 틀림

없었다.

'좋아, 다시 그때로 되돌아가는 거야. 괴로울 이유는 많지만 괴로워할 수만은 없어.'

자신을 불행하게 만드는 건 상실감이다. 탑을 높게 쌓을수록 무너지는 상실감은 커진다. 그러나 초점을 탑이 아닌 '나 자신'으로 돌리면 아쉬움은 남아도 상실감은 줄어든다. 생각을 바꾸니 그동안 나를 괴롭히던 기억을 영화의 한 장면처럼 관조할 수 있었다. 짓눌렸던 기분이 편안해지고 머리는 가벼워졌다.

모든 매장을 정리하고 살던 집을 월세로 옮겼다. 지출을 줄이고자 외식과 커피를 줄이고 담배를 끊었다. 대신 운동을 시작했다. 금연과 운동은 지금까지 이어지고 있다. 정말 좋은 습관이다. 모자라는 건 은행 대출을 받아 모든 빚을 청산했다.

마음을 내려놓으니 잊고 지내던 것들이 생각났다. 나는 그저 나만의 공간에서 나의 삶을 살기를 원했었다. 오늘 난 좋은 경험과 추억을 얻었다. 잃은 건 없다. 다만 원점으로 다시 되돌아왔을 뿐이다. 가장 행복했던 그때로!

PART 5

불을 지피려면
먼저 장작을 던져라

初心力

불을 지피려면 먼저 장작을 던져야 한다. 하지만 많은 사람이 먼저 불을 지펴줘야 장작을 던지겠다는 마음으로 산다. 먼저 장작을 던졌는데 불이 지펴지지 않았거나, 불은 지펴졌는데 그 불을 누가 가지고 도망가버릴 수도 있다는 불안 때문일 것이다. 어쨌거나 불을 지피려면 장작을 먼저 던져야 한다는 사실은 변함이 없다. 그런 뒤, 장작이 타지 않은 이유를 분석하는 게 현명하다. 타오르지 않는 불을 원망하면 장작을 아낄 이유만을 찾게 된다. 반면 타지 않는 이유를 분석하면 장작을 태울 방법을 찾는다. 장작을 던지지 않으면 기회는 오지 않는다. 몇 번은 장작만 잃을 수도 있다. 하지만 이유를 분석하고 다시 시도하다 보면 불을 얻게 될 확률은 높아진다.

결정적인 순간에
시간을 앞당겨
사용하라

새로운 무언가를 시도한다는 건 가슴에 불씨를 지피는 일이다. 나는 어떤 일을 시작할 때 실패를 염두에 두지 않는다. 결과에 관계없이 그간 쌓아온 경험과 지식이 성공으로 가는 밑거름이라고 믿기 때문이다. 사람들은 시도하는 시점에서 혹시 그간 이뤄놓은 것들이 허물어지지 않을까 두려워한다. 하지만 쓰디쓴 경험을 통해 '아쉬움은 있을지언정 소중한 추억은 남는다.'라는 것을 깨달았다. 처음으로 되돌아가는 것을 두려워할 이유는 없다. 행복의 출발점이 그곳이기 때문이다.

새로운
브랜드

2019년 인건비가 사회적 이슈로 떠올랐다. 더불어 인력을 최소화한 배달 판매에 관심이 높아졌다. 그래서 나는 1인 운영이 가능하고 배달 시스템이 효율적인 소자본 매장 런칭을 과제로 삼았다.

> 키 워 드 - 1인 운영, 배달 판매, 소자본, 가성비, 찜하다, 찜닭과
> 치킨을 함께 제공
> 메   뉴 - 찜닭, 치킨
> 대표 단어 - 찜하다, 찜닭, 치킨

• 후보 네이밍

앞서 얘기했지만 네이밍은 브레인스토밍 형식이 돼야 한다. 다소 유치한 문구라도 머릿속에 떠오르는 건 최대한 많이 모두 나열하도록 한다.

찜닭왕자 치킨공주 | 찜치본가 | 찜치상회 | 찜치가 | 찜치마을 | 치킨 주는 찜닭집 | 찜닭 시키면 치킨이 간다 | **찜꽁찜닭** | 계림본가 | 찜닭형님 치킨아우 | 둘둘찜닭&치킨 | 찜닭은 치킨처럼 | 찜닭나라 치킨공주 | 황금찜닭&치킨 0410 | 찜치비어 | 두배로 찜닭&치킨

'찜꽁'은 '찜하다'는 의미를 담고 있다. '찜꽁찜닭'을 브랜드 상호로 결정했다.

첫 매장은 배달 판매 전문으로 운영했다. 지금까지 홀 판매 중심으로 영업했기에 배달 시스템 방식은 모르는 부분이 많았다. 자료를 찾아봐도 추상적이거나 단편적인 내용뿐이었다. 어쨌든 시작했으니 직접 부딪혀서 알아가는 것이 최선이었다.

오픈 후, 나는 오전 10시부터 다음 날 새벽 3시까지 총 17시간 동안 매장을 운영했다. 잠은 매장 옆 창고에서 잤다. 이런 생활에도 컨디션을 유지하고 건강을 지킬 수 있었던 건 규칙적인 생활 패턴 때문이다. 술과 담배를 하지 않았고 반드시 한 시간씩 낮잠을 잤다. 무엇보다 매장에 있는 시간이 즐거웠다. 4개월 차에 들어서니 주문은 기하급수적으로 늘어났고 카테고리에서 1등 매장을 만들 수 있었다

찜꽁찜닭 로고

찜꽁찜닭 오픈 중인 모습(2019년)

성공을 막는
6가지 행동

교육이나 세미나에서 내가 17시간씩 매장을 운영했다고 하면 굉장히 힘든 역경을 헤쳐나온 사람처럼 생각한다. 하지만 나는 그다지 힘들지 않았다. 단지 불필요한 것들을 배제하고 반드시 필요한 행동만 골라서 했을 뿐이다. '불필요한 행동 6가지'만 하지 않아도 시간과 체력은 충분히 확보할 수 있다.

구분	불필요한 행동	꼭 필요한 행동
1	불필요한 모임(약속 잡기)	배달 운영 자료 찾기(온라인)
2	게임 등 취미활동	타 매장 벤치마킹 요소 찾기
3	시간 때우는 동영상 시청	자기계발 동영상 시청
4	술과 담배	낮잠 자기(1시간)
5	외식	오래 일하기(12시간 이상)
6	핸드폰 만지기	완전한 숙면(잠들기 전 핸드폰 금지)

위 6가지만 명심하고 실천하면 누구라도 최소한 반경 3km 내에서 최고가 될 수 있다고 확신한다. 하지만 많은 사람들이 전재산을 걸고 사업을 시작했으면서도 불필요한 행동으로 시간을 낭비한다. 자신을 위한 합리적 소비라고 생각하기 때문일 것이다. 하지만 과연 그럴까? 저 행동들은 당신이 성공을 위해 집중하는 것을 방해할 뿐이다. 당신이 할 일은 친목 모임에 나가 희희낙락거리거나 게임을 하거나, 내일이면 기억나지도 않을 동영상을 보는 것이 아니라 하루라도 빨리 사업을 궤도 안으로 진입시키는 것이 돼야 한다. 삶에서 불필요한 것을 제거할수록 어깨는 가벼워지고 시간은 많아지며 의미 있는 일을 했다는 자존감이 생긴다. 결국 더 많은 돈을 벌면서도 몸은 더 편해진다.

미래의 시간을 앞당겨 쓴다고 생각하라. 그것은 나중에 돌려받을 혜택에 비하면 아주 작고 현명한 투자다. 나는 지금 하루에 5시간만 일하면서 모임도 즐기고 운동도 한다. 일정 기간 동안 남들보다 집중해서 오래 일한 결과로 많은 지식과 노하우를 얻었으며 그 이야기를 엮어 책으로 출간했고 투자한 시간보다 더 많은 자유를 누리고 있다. 이 모든 건 사업을 궤도 안으로 진입시키려 남들보다 더 많은 시간을 앞당겨 사용했기에 가능했다.

장사 Tip :
다브랜드
전략

매출이 늘고 입소문이 나면서 자연스럽게 지점들을 오픈했다. 2020년부터 시작한 '다브랜드 전략'의 역할도 컸다. 다브랜드 전략이란 한 명의 사장이, 한 개의 사업자로, 한 매장에서 다수의 브랜드를 동시에 운영하는 방식이다. 이는 숍인숍Shop in Shop의 단점을 보완하고 운영 시스템을 최적화한다. 그 결과 2022년도에만 120여 개 지점에서 메뉴를 판매했다.

배달형 매장은 위치와 공간의 제약이 상대적으로 적다. 그렇기에 소자본으로 쉽게 창업할 수 있다. 반면 판매 채널이 배달에만 국한돼 기대 매출에 한계가 있다. 이 단점을 보완하고자 여러 브랜드를 함께 운영하는 숍인숍(=샵인샵) 판매방식이 대안으로 떠올랐다. 하지만 다수

찜꽁찜닭 오프라인 매장 전경

의 브랜드를 동시에 운영하면 시스템을 최적화시키지 못해 오히려 마이너스 운영이 될 수도 있다. 이를 보완한 것이 다브랜드 전략이다. 숍인숍을 다브랜드 전략화하는 방법은 다음과 같다.

첫째, 식자재 발주 채널 통일.

식자재 발주 채널이 나뉘어 있으면 준비 과정에서 피곤해진다. 브랜드마다 준비해야 할 식자재의 종류가 적게는 30개에서 많게는 60개 이상이다. 만약 3개 브랜드를 운영한다면 90~180개의 식자재를 다뤄야 한다. 그런데 발주 채널이 각각 나뉘어 있고 주문 방식마저 다르면 운영자는 주문에서부터 어려움에 직면한다.

둘째, 식자재 통일 및 교차 사용.

식자재의 가짓수는 최대한 줄여야 한다. 나아가 한 개의 식자재로 여러 가지 메뉴를 구현할 수 있도록 식자재 활용성을 높여야 조리와 관리가 편해진다.

셋째, 브랜드별 판매 시간대 이원화.

메뉴마다 주요 판매 시간대가 있게 마련이다. 각 브랜드의 판매 시간대가 비슷하면 그 시간대만 주문이 몰리고 나머지는 한가한 비효율적인 운영이 된다. 메뉴는 판매 시간대별로 식사 메뉴, 간식 메뉴, 저녁 메뉴, 야식 메뉴, 24시간 메뉴로 나눌 수 있다. 따라서 낭비되거나

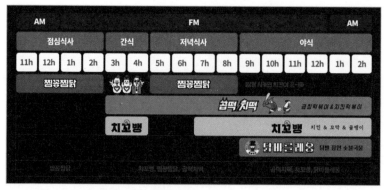

내가 적용한 브랜드(메뉴)별 주문시간대 이원화

놓치는 주문이 없도록 판매 시간대가 각각 다른 메뉴로 짜임새 있게 구성해야 인건비 절감과 매출 극대화가 가능하다.

넷째, 각 브랜드 간 메뉴 호환.

치킨, 떡볶이, 찜닭, 닭발까지 총 4가지 브랜드를 운영한다고 가정해보자. 치킨 브랜드에서 사용하는 치킨을 떡볶이에서도 사용해 '치킨 떡볶이'라는 메뉴를 구현할 수 있다. 마찬가지로 닭발 브랜드에도 사용함으로써 '닭발&치킨 세트' 구성도 가능해진다. 물론 반대로도 사용할 수 있다. 단일메뉴로 다양한 세트 메뉴를 구성하는 것이다. 더불어 메뉴는 늘지만 식자재의 종류와 가짓수를 줄이는 효과도 생긴다.

다섯째, 조리 동선과 기물 집기 통일.

여러 가지 메뉴를 취급해도 조리과정이 번거로우면 안 된다. 조리 시간이 길어지고 메뉴의 완성도가 떨어지며 체력적으로도 힘들어진다. 이렇게 되면 서비스의 질이 낮아지고 고객의 불만은 커질 수밖에 없다. 따라서 조리 동선과 사용하는 기물 집기류를 간소화하고 통일해 매장 운영과 고객 서비스에 집중할 수 있도록 해야 한다,

이렇게 5가지를 충족하면 최적의 다브랜드 운영이 가능하다.

위기는
기회를
만든다

2020년, 찜꽁찜닭 매장이 20개 정도 출점했을 무렵 전국적으로 배달 매장이 급증했다. 그로 인해 지점별 평균 매출은 떨어지고 있었다. 이때 나는 낮아지는 매출을 극복하기 위해 '치꼬뱅'라는 브랜드를 기획했다. 다브랜드 전략의 일환이었는데 찜꽁찜닭 매장에서 사용하는 기물집기와 식자재를 그대로 활용해 함께 운영할 브랜드를 만든 것이다. 치킨과 골뱅이무침 세트가 대표메뉴인 치꼬뱅은 늦은 저녁부터 새벽까지가 주 판매 시간이었다. 반면 찜꽁찜닭은 점심부터 저녁 식사 시간까지가 주 판매 시간대였다. 서로 주문이 겹치지 않고 골고루 주문을 받아낼 메뉴를 고안한 것이다. 처음에는 그저 약간의 매출만 더 나와도 좋겠다고 생각했다. 하지만 치꼬뱅은 찜꽁찜닭의 매출을 넘어서기 시작했고 매출은 두 배로 늘어났다. 이후로 치꼬뱅을 지속적으로 발전시켰고 2022년에는 120여 개 매장에서 치꼬뱅 메뉴가 판매됐다.

치꼬뱅 로고

어떤 분야든 성장 단계에서 경쟁자들이 급증하여 평균 매출이 하락하는 시기가 찾아온다. 많은 사람들이 이때를 포화상태 혹은 레드오션이라고 말하며 블루오션을 찾아 떠난다. 하지만 이것은 착각이다. 양적으로만 레드오션일 뿐 질적으로는 블루오션이다. 이 시기 환경에 휩쓸리지 않고 물 밑에서 질적인 성장을 도모한 사람만이 다음 상승 구간으로 넘어간다. 이것은 지극히 자연스러운 현상이다. 외식 시장도 마찬가지다.

배달 시장은 코로나19가 본격적으로 확산되는 2020년 급성장했다. 이때는 배달의 민족, 요기요, 쿠팡이츠 등 배달 플랫폼의 성장이 두드러졌고 코로나19와에 맞물려 비대면 배달 판매가 급속도로 확산되었다. 급성장 단계에서 발생하는 어려움은 참고할 수 있는 선례가 없고 관련 분야의 전문가도 부재하다는 것이다. 이때 최악의 행동은 환경을 탓하거나 다른 곳을 눈을 돌리는 것이다. 이런 행동은 설령 다른 분야로 옮기더라도 결국 같은 결과만 되풀이될 뿐이다. 성장 그래프 곡선은 분야를 막론하고 동일하게 적용된다는 사실을 잊어서는 안

치꼬뱅 오프라인 매장 전경

된다. **어떤 시장이든 호황은 잠시일 뿐 경쟁자는 늘어나고 레드오션으로 변하게 마련이다. 이 시기를 극복할 수 있는 최고의 방법은 '가능한 많이 시도하는 것'이다. 성공 확률은 시도의 횟수에 비례하기 때문이다.**

배달 시장의 전체적인 매출이 떨어지고 있던 시기에 대안은 숍인숍 운영이었다. 숍인숍은 한 개의 업장에서 여러 본사의 브랜드를 동시에 운영하는 것인데 시스템이 복잡해 어느 것 하나 제대로 운영하지 못하게 경우가 비일비재했다. 매출을 올리려다 번거로움만 더해진 것이다.

이때 나는 두 가지를 상기했다.

첫째, 꾸준하면 경쟁력이 생긴다.

시장이 성장하여 새로운 경쟁자들이 유입되면 전체매출이 감소한다. 기존 경쟁자 중 일부는 이 시기를 버티지 못하고 새로운 시장을 찾아 떠난다. 대신 경험이 없는 초보자들이 대거 진입한다. 결국 경쟁자는 늘어나지만 기존 경험자들의 이탈로 질적 수준은 낮아진다. 그래서 이 시기는 묵묵히 한 길을 가는 사람에게는 질적 우위를 점하는 티핑 포인트가 된다.

많은 사람들이 떨어지는 매출과 환경을 걱정하며 많은 시간을 낭비할 때 나는 내가 할 수 있는 것에 더 집중했다. 더 친절하게 정성껏 응대했으며 메뉴를 개발하고 더 긴 시간 영업했다. 하지만 시장에서 도태되는 사람은 이것과 정확하게 반대로 행동한다.

고객은 모두가 우울할 때 밝은 에너지가 넘치는 가게를 더 오래 기억한다. 어려운 상황에 우울하게 행동하는 건 쉽다. 하지만 힘든 상황일수록 더 웃고 친절하며 넉넉하게 행동하는 건 어렵다. 성공은 어려운 것을 기꺼이 행하는 사람을 위해 준비된 선물이다.

둘째, 양이 곧 질이다.

'다브랜드 전략 5가지'는 숍인숍 운영의 단점을 보완하여 확립된 개념이다. 당시 치꼬뱅 외에도 다양한 브랜드와 메뉴를 개발했는데 그 중 치꼬뱅의 성과가 가장 좋았다. 보완을 거듭한 결과 현재는 회사의 총 매출 중 많은 부분을 담당하고 있다. 많이 시도하고 개발할수록 성공 확률은 높아진다. 결과를 바라지 말고 무엇이든 정성을 다해 시도하라. 아무것도 안 하는 것보다 실패하더라도 시도하는 것이 훨씬 유익하다. 그 과정에서 인사이트가 쌓인다. 실패가 두려워 아무런 시도를 하지 않는다면 그것이야말로 진짜 손해다.

"불리한 것을 극복하다가 보면 불리한 것이
당신을 성공시키는 계기가 된다."

환경을 탓하지 마라. 어려움을 극복하는 이야기는 언제나 우리에게 감동을 준다. 열악한 환경에서 열정을 자양분 삼아 스스로 성장해 나갈 때 비로소 당신의 보석 같은 이야기가 빛을 발한다.

낯선
영역에
도전하라

일이 계획대로 진행될 때, 가장 경계해야 할 것은 추진력을 잃고 관성을 따르는 것이다. 여기서 '추진력을 잃고 관성을 따른다'라는 의미를 이해해야 한다. 노력하는 데도 좋은 성과가 나지 않는 가장 큰 이유는 이 관성을 따르기 때문이다. '추진적 노력'이란 노력의 크기가 기하급수적으로 증가하는 것을 말한다. 반면 '관성적 노력'이란 노력의 크기가 일정하게 지속되는 것을 말한다. 관성적 노력이라고 해서 나태하거나 게으르다는 뜻은 아니다. **부지런히 일하더라도 노력의 크기가 어제와 동일하다면 관성적 노력이다. 그것은 성장을 불러오지 않는다.**

2020년 6월에 런칭한 '곱떡치떡'은 소곱창 떡볶이가 시그니처인 브랜드다. '곱창떡볶이 & 치킨떡볶이'의 줄임말인 곱떡치떡은 그동안의 노하우가 집약된 만큼 오픈 초기부터 고객들에게 좋은 반응을 얻었다. 이에 일 년도 채 안 된 시점에 100호 점을 넘어섰다.

그런데 2022년에 들어서자 매출이 조금씩 감소했다. '늘 하던 대로 열심히' 운영한다고 했는데 결과는 달랐다. 고심 끝에 평소 내가 팀원들에게 자주 한 말에서 그 원인을 찾았다. 나는 수시로 회사가 지금보다 발전해 그 성장의 결과물을 함께 나누기 위해선 지금의 열심보다 한 단계 올라간 '의식적인 노력'이 필요하다고 이야기했었다. 그런데 돌아보니 팀원에게 의식적 성장의 중요성을 강조했으면서 정작 나는 늘 같은 크기의 노력을 하고 있었다. 때가 되면 신메뉴를 만들고 지난달과 동일한 마케팅을 진행하고, 정기적으로 교육하며 정해진 일과를 '열심히' 보냈던 것이다.

'추진에너지'란 가보지 못한 영역에 대한 도전이다. 성장 초반에는 이 추진에너지를 발산하지만 조금씩 성과가 나면 관성적 에너지로 변한다. '안정감'과 '만족감'을 동일시하기 때문이다. 안정감이란 '목표를 달성하는 과정'에서 위험 요소가 발견되지 않을 때 느껴지는 일시적인 스트레스의 이완감이다. 반면 만족감

곱떡치떡 로고

곱떡치떡 오프라인 매장 전경

은 '목표를 달성했을 때' 느끼는 자기 확신과 성취감이다. 안정감을 만족감으로 착각하면 목표가 달성되지 않았는데도 도전을 멈추고 현재를 유지하려는 경향을 보인다. 그렇기에 '머리는 차갑게, 가슴은 뜨겁게'라는 말을 잊지 말자. 머리는 안정적으로, 가슴은 도전적으로 일할 때 성공 모멘텀을 유지할 수 있다.

한계를 뚫으려면 추진력이 지속될 수 있도록 의식적으로 노력해야 한다. 그리하여 무의식이 설정한 한계를 벗어나 낯선 영역을 익숙하게 만들어가는 것이 성장이다. 이것을 반복할 때 비로소 지속 가능한 성장 시스템이 만들어진다.

꾸준함과
집요함

    곱떡치떡은 소곱창떡볶이와 치킨떡볶이 두 가지 메뉴로 장사를 시작했다. 하지만 현재는 떡볶이 라인으로 소대창떡볶이, 막창떡볶이, 로제닭발떡볶이, 통모짜 치즈돈가스 떡볶이와 치킨 라인으로 레드크림 치킨, 화이트크리미 치킨, 콘소메 치킨이 추가되었다. 시장 상황이나 매출 등락에 상관없이 꾸준히 메뉴를 개발하고 출시했기 때문이다.

    나는 성장할수록 안주하려는 본능과 반대로 행동했다. 회사가 성장할수록 더 많이 교육하고 뛰어난 인재를 모으기 위해 노력했다. 그 결과 현재 곱떡치떡의 메뉴를 판매하는 매장은 150여 개 지점으로 늘어났다. 더 많은 일을 하지만 훌륭한 인재들과 함께 재밌고 쉽게 일하고 있다.

    지속적으로 관성을 깨트려야 성장한다. 상황이 좋지 않더라도 개발과 보완을 멈추어서는 안 된다. 유능한 인재를 찾기 위해 힘써야 하며 공부도 많이 해야 한다.

    "기분 좋을 때만 열심히 한다면 커다란 성과를 이룰 수 없다."

곱떡치떡의 대표메뉴 중 하나인 소곱창 떡볶이

비가 오든 눈이 오든 꾸준히 지속할 때 비로소 한계를 극복할 수 있다. 도무지 넘을 수 없는 벽을 맞닥뜨릴 때가 있다. 꾸준하게 도전하지만 매번 같은 위치에서 미끄러지기도 한다. 이럴 때는 꾸준함만으로는 충분치 않다. 그 이유와 해결 방법을 찾기 위한 '집요함'이 필요하다.

tvN 식스센스에 방영된 곱떡치떡

더 정확히 말하면 '지속적 추진에너지를 동반한 집요함'이다. 문제를 해결하고 진일보하는 사람들의 공통점은 '집요함'이다.

계속 시도하고 실패하면서 얻어낸 단서에서 해답을 찾자. 유능한 해결사에게 그 과정은 일종의 게임이다. 그들은 탐정처럼 문제해결에 집착하고 결국 해답을 찾아낸다.

한번 성공이
아홉 번 실패보다
크다

불을 지피려면 먼저 장작을 던져야 한다. 하지만 많은 사람이 먼저 불을 지펴줘야 장작을 던지겠다는 마음으로 산다. 먼저 장작을 던졌는데 불이 지펴지지 않았거나, 불은 지펴졌는데 그 불을 누가 가지고 도망가 버릴 수도 있다는 불안 때문일 것이다. 그런 우려도 이해되지만 어쨌거나 불을 지피려면 장작을 먼저 던져야 한다는 사실은 변함이 없다. 그런 뒤, 장작이 타지 않은 이유를 분석하는 게 현명하다. 타오르지 않는 불을 원망하면 장작을 아낄 이유만을 찾게 된다. 반면 타지 않는 이유를 분석하면 장작을 태울 방법을 찾는다. 장작을 던지지 않으면 기회는 오지 않는다. 몇 번은 장작만 잃을 수도 있다. 하지만 이유를 분석하고 다시 시도하고 또 하면 불을 얻게 될 확률은 높아진다.

다시 불을 피울 때는 잃어버린 장작을 아까워하지 마라. 결국 불이 지펴진다면 그동안 잃었던 장작과는 비교할 수 없을 만큼 많은 혜택을 가져다준다. 이것을 '멱법칙'이라 한다. 한 번의 성공이 앞선 아홉 번의 실패를 만회하고도 남는다는 뜻이다.

토머스 에디슨의 발명품은 2,000개가 넘는다. 하지만 그중 단 하나 '백열전구'로 세상을 바꿨다. 나머지 1,999개의 발명품 중에는 '수다 인형', '유령 탐지기' 등 기괴하고 희한한 것들도 다수 포함돼 있다. 베토벤은 생애 동안 총 722곡을 썼고 그중 그를 위대하게 만든 건 11곡이다. 맥도날드의 CEO 레이 크록은 맥도날드를 인수한 시점인 53세 전까지 지극히 평범한 방문 판매원이었다. 이외에도 단 한 번의 성공으로 인생이 역전한 사례는 너무도 많다. 그 성공은 꾸준하게 시도하고 실패하고 깨달아가는 과정에서 얻어낸 트로피였다.

나는 '양이 곧 질'이라고 이 책에서 줄곧 이야기하고 있다. 더 많이 시도할수록 성공 확률은 높아진다. 성공의 방식은 모두 제각각이지만 한 가지 공통점이 있다. 그들은 모두 불을 피우기 위해 꾸준히 장작을

▶ 성공의 법칙 ◀
① 양이 곧 질 ② 실패를 두려워하지 않는 마음 ③ 꾸준한 시도
④ 집요함 ⑤ 멱법칙
❙ 아홉 번의 실패보다 '단 한 번의 성공'이 중요하다 ❙

던졌고 실패의 이유를 집요하게 분석해왔다는 사실이다. 그리고 끝내 불이 지펴졌을 때 그들은 원하는 것을 모두 얻을 수 있었다.

정을
담아
드립니다

"더 바른 마음으로 한가득 정을 담아 드립니다."

2022년 런칭한 국밥 전문점 '더바른정국밥'의 슬로건이다. 한국인의 정겨운 마음과 정성이 가득한 한 끼를 제공하기 위해 '올바른 약속' 캠페인을 진행 중이다. 건강한 식자재를 사용(클린 푸드)하고 위생적인 환경을 구축(클린 매장)하는 것이 캠페인의 목적이다.

• 브랜드 기획

키 워 드 – 정갈함, 정성스러움, 정겨움

메　　뉴 – 돼지국밥, 순대국밥

대표 단어 – 바르다, 정, 국밥

더바른정국밥 슬로건과 올바른 약속 캠페인

반복적으로 나오는 단어 '정'과 '바르다' 그리고 대표메뉴 '국밥'을
다양한 어순으로 나열해 눈에 들어오는 문구를 만들었다.

최종 선택 - "더바른정국밥"

더바른정국밥 로고

1) 메인 컬러(톤앤매너) : 블랙, 골드, 화이트(한지 느낌)

2) 슬로건

"더 바른 마음으로 한가득 정을 담았습니다."

"우리는 국밥을 만들지 않습니다. 오직 '정겨운 마음'을 만듭니다."

3) 브랜드 스토리

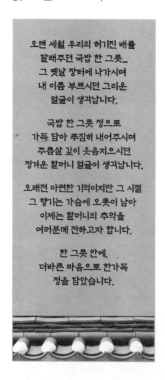

오랜 세월 우리의 허기진 배를
달래주던 국밥 한 그릇...
그 옛날 장터에 나가시며
내 이름 부르시던 그리운
얼굴이 생각납니다.

국밥 한 그릇 정으로
가득 담아 푸짐히 내어주시며
주름살 깊이 웃음지으시던
정겨운 할머니 얼굴이 생각납니다.

오래전 아련한 기억이지만 그 시절
그 향기는 가슴에 오롯이 남아
이제는 할머니의 추억을
여러분께 전하고자 합니다.

한 그릇 안에,
더바른 마음으로 한가득
정을 담았습니다.

• 메뉴

'좋은 식자재를 사용합니다'라는 말은 추상적이다. '좋다'의 기준이 모호하기 때문이다. 어떤 것이든 명확한 기준이 없으면 실천할 수 없다. 의미 또한 너무 포괄적이다. 맛이 좋다는 것일 수도 있고, 품질이 좋다는 것일 수도 있고, 가성비가 좋다는 것일 수도 있다. 무수히 많은 면에서 전부 좋을 순 없다. 따라서 구체적으로 격차를 둘 수 있는 차이점 한두 가지만 어필해야 한다. 예를 들면 더바른정국밥은 '무항생제 유황 먹인 돼지를 사용합니다.'처럼. 이렇듯 어떤 점이 좋은지 구체적

더바른정국밥 메뉴 사진

으로 알 수 있을 때 고객들은 더 오래 기억한다.

좋은 점이 많더라도 전부 나열하지 않는 것이 좋다. 너무 많은 것을 제시하면 소비자는 어느 것 하나도 제대로 기억하지 못한다.

· 인테리어

비싸다고 반드시 좋은 인테리어는 아니다. 시중에서 흔하게 구할 수 있는 자재로도 특별하게 표현해낸다면 그것이 좋은 인테리어다. 고

더바른정국밥 인테리어 3D도면

급 자재를 사용하지 않고도 유일해질 수 있다. 세상 아래 특별한 건 없고 특별하게 표현할 수 있을 뿐이다. 인테리어도 마찬가지다.

• 올바른 약속

정성스러운 한 끼의 제공이 우리의 목표다. 그렇다면 정성스러움은 어떻게 추구해야 하는가. 모든 면에서 온전히 정성스러울 수는 없다. 아무리 좋은 것도 구체적이지 않으면 공염불에 불과할 뿐이다. 내가 생각하는 정성이란 건강한 식재료로 위생적인 환경에서 조리하는 것이었다. 그리고 그것을 소비자가 검증할 수 있어야 한다. '올바른 약속'이란 구체적인 실천 방법이고 검증이니까.

이것이 무항생제 유황 먹인 돼지고기(클린 푸드)를 고집하는 이유다. 또한 위생적인 환경을 구축하기 위해 여러 전문 기관과 업무협약을 맺고 다양한 프로젝트(클린 매장)를 진행 중이다.

┃ 정성

사소한 일에 마음을 담아 정성을 다하다 보면 결국 빛이 난다. 그러나 빛을 발하는 시점이 언제가 될지는 알 수 없다. 진인사대천명, 그것은 하늘의 뜻이다. 중요한 건 결과를 바라지 않고 사랑하는 마음이다. 사랑하면 정성을 쏟는 것이 어렵지 않다.

일이 힘든 이유는 '의도적으로' 정성을 기울여야 하기 때문이다. 의도적인 정성은 오래갈 수 없다. 혹자는 돈이 되지 않는데 어떻게 정성을 쏟을 수 있냐고 말한다. **당신의 매장을 아이 키우듯 하라. 아이가 당신에게 무엇을 해주지 않아도 정성을 다해 돌볼 수 있다.** 아이가 아니라도 당신이 아끼는 가방, 자동차, 키우는 나무 혹은 반려동물일 수도 있다. 우리는 그것을 위해 돈을 들여가며 정성을 쏟지 않는가. 진정한 사랑에는 조건 없다. 대가를 바라지 않고 기꺼이 정성을 쏟을 때 성공에 더 가까워진다.

클린 매장 활동으로 '세스코', 'KMS한국위생등급지원센터'와 업무협약

성공의 열쇠, 비선형 그래프

성공하는 방법에는 다양한 견해가 있다. 모두 성공의 지름길로 안내하는 듯하지만 그 방법이 하나만 있는 것도 아니다. 그래서 나는 개인적인 경험과 성공한 사람을 지켜보면서 깨달은 공통점을 그래프로 설명하고자 한다.

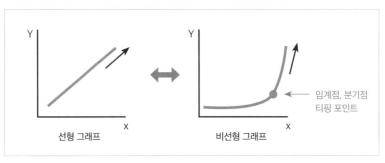

선형 그래프와 비선형 그래프

두 그래프는 사고방식을 나타낸 것이다. X축은 노력, 정성, 투자, Y축은 성과와 결과를 의미한다.

'선형 그래프'로 사고하는 사람은 노력한 만큼 나오는 결과를 기본값으로 본다. 그러니 1의 노력에 1의 결과가 나오고, 10을 노력했으면 10의 결과가 나와야 정상이다. 그들에게 수익이란 100을 투자해서 100만큼 버는 것이다. 노력한 만큼 수익이 창출돼야 정상이고 설령 보상이 없는 상황이라도 어느 정도까지는 참을 수 있다고 생각한다.

반면 '비선형 그래프'로 사고하는 사람은 노력만큼 결과가 나오지 않는 것을 기본값이라고 생각한다. 따라서 결과에 연연하지 않고 꾸준히 개발하고 숙달하며 발전하려고 노력한다. 만약 노력한 만큼의 결과가 나온다면 그것은 단지 운이니 방심하지 않도록 스스로 마음을 다잡는다. 노력한 만큼 보상이 따르지 않는데도 발전을 멈추지 않는 이유는 어떤 시기를 만나기 위해서다. 그 시기를 지나면 노력 대비 성과는 기하급수적으로 오른다는 사실을 아는 까닭이다. 그 지점을 일컬어 '임계점', '분기점', '티핑 포인트'라고 부른다. '궤도에 진입하다', '물꼬를 트다', '시동을 켜다'로 표현하기도 한다. 앞서 이야기했던 '파이프라인 매설'과도 같은 맥락이다.

내가 분석한 결과 자수성가한 사람들은 모두 '비선형 그래프'의 마인드로 사업에 임하고 있었다.

• 물(자연)의 원리

자연의 이치조차 비선형을 따르고 있다. 그 예로 물을 보자.

물이 기화되기 위해선 정확히 100℃의 온도가 필요하다. 다시 말해 1~99.9℃까지 투자되는 열에너지만큼 기화되지 않는다는 뜻이다. 노력 대비 성과가 나타나지 않는 것이다. 그러나 100℃가 넘는 순간 물은 기화를 시작해 단 1℃만 더 높여도 투자되는 열에너지에 비해 기하급수적으로 기화한다. 이때 물이 끓는 100℃의 지점을 '임계점'이라 부른다.

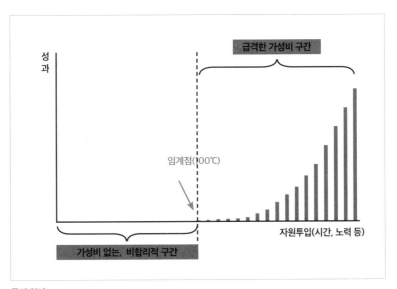

물의 원리

물이 끓는 원리는 성공의 법칙과 정확하게 일치한다. 물을 끓일 수 있으면 누구라도 성공할 수 있다는 뜻이다. 대신 열에너지가 아닌 '당신'이란 에너지가 투입돼야 한다. 그러나 많은 사람이 물을 끓이기 위해 열에너지는 쉽게 투자하지만 '자신'이란 에너지는 아끼려 한다. 그 결과 늘 1~99℃ 사이에서 기화되지 못하고 머무른다. 그만큼 성공의 가능성도 1~99% 사이에서 머무르고 만다.

100℃에 이르지 못하면 열에너지만 낭비된다. 당신의 노력도 임계점을 뚫지 못하면 결국 투자한 시간, 노력, 자본만 낭비될 뿐이다. 따

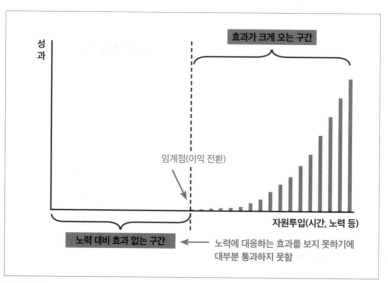

성공의 형태

라서 성공을 위해 '이도 저도 아닌 행동'은 과감하게 털어내야 한다. 한번 시작했으면 혼신의 힘을 다해야 한다는 말이다.

"하거나, 하지 않을 뿐이다, 한번 해본다는 건 없다."

시도했으면 임계점에 도달할 때까지 '추진적 노력'을 기울여야 한다. 임계점을 넘으면 그동안의 노력을 모두 보상받게 되고 이후부터는 기하급수적인 성장을 도모할 수 있다. '한 번 해본다.'라는 마음은 당신을 관성에 머무르게 한다. 안 되면 말고 식의 마음가짐으로 꿈을 이룰 수 있다고 생각하는가.

물의 임계점은 100℃가 분명하지만 성공의 임계점은 어디에 있는지 알 수 없다. 누군가는 이른 나이에 만날 수도 있고 맥도날드의 레이 크록이나 KFC의 할랜드 샌더스처럼 늦은 나이에 만날 수도 있다. 그것은 운명이 정한다. 그러나 자신에게 주어진 임계점을 찾는 여정은 분명 떠나볼 만한 가치가 있다.

51 : 49
법칙

선형 마인드는 노력 대비 성과가 적으면 최선의 노력을 기울이지 않는다. 돌아올 성과만큼만 투자하는 것이 공평하다고 생각하기에 정확히 그 가능성만큼만 노력한다. 믿음이 51%라면 51만큼 노력하고 49%라면 49만큼 노력하는 것이다. 이런 성향은 이것저것 재거나 따지기를 좋아하며 일희일비한다. '성과가 나오는' 어떤 것을 찾아 시도하고 그만두기를 반복하는 것이다. A를 했는데 성과가 없으면 그만두고 B를 하고, B가 성과가 없으면 그만두고 C를 하고, C가 성과가 없으면 그만두고 D를 하는 식이다. 그러나 99.9℃ 이전까지는 노력 대비 성과가 적다는 것을 이해하지 못하기에 투자(자금, 시간, 노력 등)를 서서히 멈춘다. 그래서 그들의 성공을 향한 노력은 매번 물거품이 된다.

반면 비선형 마인드는 가능성이 51%라면 100으로 노력하고 41%

라면 시작하지 않는다. 일단 시작하게 되면 최선의 노력을 기울인다. 이들에게는 하거나 하지 않는 것만 있을 뿐 한번 해본다는 식의 도전은 없다. 이런 성향 탓에 말과 행동에 언제나 힘과 균형이 있다. 이들이 무언가를 시도하는 방식은 성과가 나올 때까지 꾸준히 성장하는 것이다. 목적에 맞고 해야 할 일이라면 성과가 나지 않더라도 중간에 멈추지 않고 꾸준히 발전시켜나간다. A를 했는데 성과가 없으면 B까지 하고, AB가 성과가 없으면 C까지 하고, ABC가 성과가 없으면 D까지 하면서 결국 임계점을 넘을 때까지 ABCDEFG를 이어간다.

내적 동기가 강한 사람이 성공하는 이유도 이와 마찬가지다. 그들은 보상이 적어도 발전을 멈추지 않는다. 긴 무명 시절 끝에 스타가 된 배우, 오랜 시간 주목받지 못하다가 국민적인 사랑을 받게 된 걸그룹, 한평생 그림만 그리다가 말년이 돼서야 세계적으로 유명해진 어떤 화가처럼 보상이 아닌 성장과 발전을 목적으로 살아온 사람이 엄청난 성공을 거두는 경우는 수없이 많다.

'시도'와 '도전'은 열에너지와 같다. 자신의 가치와 목적에 일치하는 일이라면 성과와 상관없이 임계점으로 가는 열에너지로 사용하라. 시도-지속-발전 사이클이 누적될수록 임계점은 점점 가까워진다. 그 과정에서 성과를 운운하며 멈추지 마라. 성공은 올바른 것을 집요하게 쌓아갈 때 우연히 만나게 되는 트로피이다.

효율적으로
일하는
법

'시도'의 닻을 올렸다면 계획하라. 생각나는 대로 혹은 느낌으로 일하면 중간에 수시로 방향을 수정해야 한다. 이것은 몰입을 방해하고 업무효율을 떨어뜨린다. 창의적이고 좋은 결과물을 얻기 위해선 단순히 오래 일하는 것보다 '몰입할 수 있는 환경'이 필요하다. 잦은 업무 수정은 몰입을 방해하여 업무의 질을 떨어뜨린다. 끊어진 업무를 다시 집중 상태로 전환하기 위해서는 의지력과 시간이 낭비된다. 계획 없는 업무는 비효율적이다.

업무일지는 일의 효율을 높이는 좋은 수단이 된다. 특히 구성원이 많아질수록 업무일지를 잘 활용하면 전체적인 업무 진행 상태를 빠르고 쉽게 파악할 수 있다. 팀원 간 업무를 공유하며 불필요한 갈등을 줄이고 원활한 의사소통이 가능해진다. 나는 아이젠하워 매트릭스를 활용해 업무일지를 작성한다.

이 매트릭스는 일의 우선순위를 정하는 것이다. 먼저 해야 할 일들을 순서 없이 모두 적고 '긴급도'와 '중요도'를 따져 위 표처럼 4가지 형태로 업무를 분류한다.

- A형(긴급도3, 중요도3) : 긴급하고 중요한 일 ➡ 시즌 마케팅, 판촉, 영업, 원가관리, 생산 시스템 관리 등 = 전문가나 주요 직위자가 직접 처리하거나 주의를 기울여 처리한다.
- B형(긴급도1, 중요도3) : 긴급하지 않지만 중요한 일 ➡ 차후 아이템 선

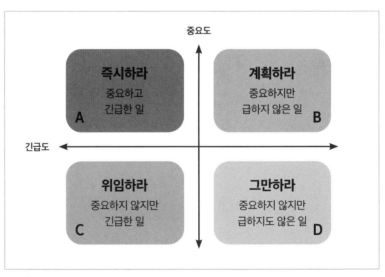

아이젠하워 매트릭스

정, 신제품 개발, 신사업 구상, 업계 동향 파악 등 = 추진 업무 및 주기 계획표 반영하여 장기 프로젝트로 진행한다.

- C형(긴급도3, 중요도1) : 긴급하지만 중요하지 않은 일 ➡ 공과금 납부, 공지하기 등 = 위임한다.
- D형(긴급도1, 중요도1) : 긴급하지도 중요하지도 않은 일 ➡ 게임하기, TV보기, 잡담하기 등 = 배제한다.

4가지 분류 중 'B형' 업무가 가장 중요하다. 언뜻 보면 A형 업무가 가장 중요해 보이지만 이미 많은 사람의 관심이 쏠려있기에 대부분 놓치지 않고 추진된다. 반면 B형 업무는 미래를 도모하는 장기 업무로 성과가 바로 보이지 않는다. 긴급도가 높은 A형, C형 업무에 우선순위가 밀려 꾸준히 추진하기가 쉽지 않다. 그러나 앞서 말한 '노력의 분산과 확장' 개념과 마찬가지로 꾸준히 성장하는 사람이나 조직은 당면 과제를 해결하면서 장기 계획을 실천한다. 나무에 비유하자면 A형 업무는 '열매를 수확'하는 것이고 B형 업무는 '씨앗을 심는 것'이다. 울창한 숲을 가꾸려면 열매를 수확하는 동시에 반드시 씨앗을 심어야한다.

• 업무일지 작성요령
업무일지 작성의 주된 목적의 하나는 업무의 '우선 순위'와 '성격'

을 구체적으로 파악하는 것이고, 다른 하나는 팀원들과 공유하여 원활한 업무 협업을 하기 위함이다.

【 어제 업무 완료 사항 】
1. 내용 [긴급도1~3, 중요도1~3] (마감 기한)
   - 세부 내용
   * 세부 내용의 부가적인 내용

【 오늘 업무 예정 사항 】
1. 내용 [긴급도1~3, 중요도1~3] (마감 기한)
   - 세부 내용
   * 세부 내용의 부가적인 내용

【 추진 업무 】
1. 내용 [긴급도1~3, 중요도1~3] (마감 기한)
   - 세부 내용
   * 세부 내용의 부가적인 내용

내용 : 업무의 큰 내용

- 긴급도 : 빠른 업무처리를 요하는 정도, [긴] 으로 표시하며 1~3단계
  로 표시

 - 중요도 : 중요한 업무처리를 요하는 정도, [중] 으로 표시하며 1~3단
   계로 표시

- 마감 기한 : 업무의 최종 마감 기한, 불분명한 경우는 업무의 흐름을
  가늠하여 대략적인 날짜라도 반드시 기입

- 세부 내용 : 업무의 세부 내용을 구체적으로 기재

◉ **작성 시 유의점**

- 정해진 부호만 사용

- 담당자가 부재하더라도 제3자가 업무를 가늠할 수 있도록 구체적으
  로 작성

- 마감 기한은 반드시 작성되어야 함. 정확한 날짜를 가늠할 수 없는
  경우에는 임의로 작성

- 세부 내용에는 구체적인 진행 상황 및 행동 방향이 기재돼야 함

- 보여주기식 업무일지가 아닌 일 단위, 주 단위, 월 단위 프로세스를
  구상하고 계획하기 위한 작성

- 추상적, 포괄적인 내용은 지양

* 안 좋은 예)

○○○구상 중, ○○○기획 중, ○○○리뉴얼 중과 같이 두리뭉실한 내용

* 좋은 예)

1. 곱떡치떡 메뉴개발[긴3, 중3] (~15)

- 소스 테스트(~15)

 * A업체 소스 테스트 결과

  · 총 7종, 마늘간장 소스(후보), 볼케이노는 매운 맛 더해서 재요청

 * B업체 소스 테스트 결과

  · 총 3종, 전부 탈락, 한식 전문업체인 듯, DB 저장해놓고 추후 한식 개발

   시 참고

 * C업체, D업체 소스 요청 : 각 26일, 27일 샘플 도착 예정

- 사이드 메뉴 테스트(~10.15)

 * E업체 제품 테스트 예정(21) : 치즈볼 3종, 미니 붕어빵

2. 더바른정국밥 디자인 컨셉 구상[긴2, 중3] (~20)

- 벤치마킹 디자인 찾기(네이버, 구글링, 핀터레스트)

- 디자이너에게 자문 구하기(백 디자이너, 이 작가)

- ○○○에게 자문 구하기

- ○○○디자인 학원에 문의하기

- 벤치마킹 브랜드 서칭(모든 업종)

아래는 실제 내가 작성했던 업무일지다.

** 일일 업무일지 : 임형재 대표 **

【 어제 업무 완료 사항 】

1. '닭바를레옹' 메뉴 사진 촬영[긴2, 중3] (완료)

   - 김포 장기점, 12시

2. KT유선 회선 해지 신청[긴1, 중1] (완료)

   - KT대리점 방문(확인서, 신분증)

3. 한국자폐인사랑협회 발장장애 작가 작품 구매[긴2, 중3] (완료)

   - 박재영 작가, 치킨박스 디자인 활용

【 오늘 업무 예정 사항 】

1. 교육 동영상 촬영[급3, 중3] (~31)

   - 깃발 셀프 신청, 해제 방법

2. 홈페이지 제작 구상(~30)[긴2, 중3]

   - 벤치마킹 홈페이지 찾기(5곳 이상)

   - 적용할 페이지 캡처 후 적용 방안 만들기

3. 교육센터 공간 기획서 검토[급3, 중3] (~25)

4. (중요) 밀키트 + 배달 + 포장 + 홀 취식(4way형) 매장 구상[급3, 중3] (~1.15)

   - 밀키트 매장 벤치마킹, 현장 답사, ○○○에서 정보 얻기

   - 홈페이지 제작 기획

【 추진 업무 】

1. 쿠팡이츠 B2B 입점[급3, 중3] (~30)

　- 진행 현황 재확인(쿠팡이츠 담당자)

　- 제출 서류 준비(28)

2. 교육자료 제작[급3, 중3] (~30)

　- 레시피 북(진행 중)

　- 오픈 지원 바인더 제작

3. 교육센터 사옥 세팅[급3, 중3] (~30)

　- 가림막 길이, 높이 재기(구매는 미리, 설치는 마무리 단계)

　- 창문에 들어갈 문구 전달 완료

4. 전 매장 배달 앱 메뉴 및 공지 문구 최신화[급2, 중3] (~10)

　- 플랫폼 수정 미흡한 매장 없게끔 중복 체크

5. 아트 박스 제작[급2, 중2] (~1.15)

　- (사)한국자폐인사랑협회 업무협약

　- 박재영 작가 작품 구매, 아트 박스 디자인 활용

6. 골뱅이 전용 입고[급3, 중3] (~30)

　- 골뱅이 230g 추진 중, 디자인 작업 중

7. 소곱창 업체 지속 서칭 결과 보고 받기[급3, 중3] (~30)

　- 담당자 : 본부장, 메뉴개발팀장

8. 우수 시스템 적용 사례 지속 확인 및 접촉, 벤치마킹[급1, 중3]

　- 기업 모임 참가, 어디? 구체적으로 알아보기(~31)

9. LG유플러스 프랜차이즈 서비스 미팅[급1, 중1] (~30)

　- 연락 후 미팅 잡기

업무일지 양식은 알아보기 쉽게 간단히 만든다. 출근 후 반드시 일일 업무일지를 작성하고 주기별 계획 또는 추진 업무에 새롭게 반영할 업무를 구상한다. 업무일지 작성을 마치면 구성원 모두가 볼 수 있도록 게시판에 공유하고 하루를 시작하자.

사업의 형태나 환경에 따라 업무 계획과 업무일지 작성 방법은 달라지겠지만 위 내용을 참고하여 활용하면 효율적인 운영 시스템을 구축할 수 있을 것이다.

PART 6

가치를 나누면
열정이 배가 된다

높은 곳에
올라갈수록
더 멀리 보인다

궤도에 오르면 선순환이 일어난다. 안정권에 오른 사업은 또 다른 사업을 파생시키고 좋은 인재는 또 다른 인재를 불러들인다. 여기까지 왔다면 정말 잘한 일이다. 하지만 잊지 말자. 안정감과 만족감은 다른 것이다. 추진력이 불러오는 기하급수적 효과를 잊어서는 안 된다.

유튜브 채널
'장배남TV'

개인적으로 유튜브 채널 '장배남TV'를 운영 중이다. '장배남'이란 '장사人 배려하는 남자'의 줄임말로 나의 캐릭터이다. 채널에서는 장

유튜브 채널 '장배남TV'

사하면서 겪은 경험과 노하우를 주로 다루며 교육자료용으로 활용하고 있다. 모쪼록 장사하는 사람들에게 도움이 되기를 바라는 마음이다.

처음에는 큰 기대 없이 만들었는데 운영과정에서 많은 것을 얻었다. 교육할 때마다 매번 시간을 내야 했는데 동영상으로 만들어 놓으니 링크만 전달하면 기본적인 교육이 가능했다. 또한 콘텐츠 제작의 기본적인 지식이 쌓이며 스마트 창업 교육 프로그램의 초석이 되었다. 더불어 다양한 콘텐츠를 제작하면서 세상을 바라보는 시야와 사유의 폭을 넓혀주고 퍼스널 브랜딩과 브랜드 스토리텔링의 구심점이 되고 있다.

귤스
에듀테인먼트(GE)

유튜브 채널을 운영하면서 얻은 인사이트는 '귤스 에듀테인먼트(GYULS Edutainment, GE)'의 시발점이다. 2023년에 설립한 귤스 에듀테인먼트의 핵심사업은 '콘텐츠를 활용한 스마트 창업 교육'이다.

세부 커리큘럼은 창업의 기본 교육 외에도 동영상과 사진 촬영 및 편집, 유튜브 채널과 블로그 개설, SNS 광고 진행 요령, 디자인 등 다양한 콘텐츠를 활용한 홍보 및 영업을 돕는 것이다. 자영업에 필요한 기능을 집중적으로 교육하여 창업자 스스로 '퍼스널 브랜딩'을 하고 '스토리텔링'을 할 수 있도록 이끌어 주고 있다.

귤스 에듀테인먼트 로고

21세기 외식업 시장은 맛있는 음식과 친절만으로는 승부를 낼 수 없다. 꾸며진 광고가 아닌 날 것 그대로를 전달할 수 있을 때 당신의 사업은 더욱 특별해진다. 마음만으로는 당신의 진심을 전달할 수 없다. 하지만 콘텐츠를 제작하고 다양한 플랫폼을 활용할 수 있다면 충분히 가능하다. 자신의 이야기를 알리는 것은 경영을 잘하는 것만큼이나 가치 있고 중요한 일이다.

• 스마트 창업 교육 내용

구분	주제	주요 내용	적용방법
1	창업의 기본	기본적인 행정절차	자료, 실무 교육
2	상권분석	온·오프라인 상권분석 요령	상권분석 프로그램 사용방법
3	SNS 운영 및 광고	인스타그램·페이스북 유튜브·블로그 개설·계정 생성, 게시물 등록	스폰서드 광고 집행
4	동영상 제작 및 편집	영상 제작 및 편집 (초~고급)	콘텐츠 제작, 유튜브 채널 운영, 홍보 영상 제작
5	사진 촬영 및 편집	사진 촬영 및 편집 (초~고급)	메뉴 사진, SNS 게시물
6	디자인	디자인 작업	미리캠버스, 망고 등 활용
7	브랜딩	퍼스널 브랜딩, 스토리텔링	유튜브 채널, 블로그 운영

모두 자기만의 이야기를 가지고 있다. 그것이 뛰어나거나 대단할 필요는 없다. 평범한 사람들의 희노애락이 담긴 이야기에는 잔잔하지만 강력한 울림이 있다. **삶에 대한 진지한 태도는 강력한 퍼스널 브랜딩 요소다. 진정성 어린 삶의 이야기가 담긴 스토리텔링은 당신을 퍼스널 브랜드를 만들어준다.** 무슨 일을 하든 그 일을 잘하는 것보다 자신의 이야기를 효과적으로 전달할 때 더 많은 기회와 혜택이 주어진다.

굴스 에듀테인먼트 내부

굴스 에듀테인먼트는 창업 교육 외에도 다양한 업체의 영상 제작 편집 업무와 스튜디오 렌탈 사업을 한다. 더불어 유튜브 채널 '장배남TV'와 솔루션 전문팀 '장사반장'이라는 자사 유튜브 채널도 운영 중이다.

유튜브 채널 '장배남TV'와 '장사반장'

메뉴R&D 및
교육센터

2022년 1월, 효과적인 메뉴개발과 실무 교육을 위해 메뉴R&D 및 교육센터를 완공했다. 5층으로 지어진 교육센터는 1~2층 메뉴개발실, 3~4층 이론 및 실무 교육실, 5층 시청각실로 이루어져 메뉴 테스트와 교육은 물론, 이론 및 실무 교육까지 모두 체험할 수 있는 환경을 제공한다.

국내외 환경변화로 외식업의 패러다임이 급속도로 바뀌고 있다. 이에 우리는 효율적인 시스템을 구축하여 성장 모멘텀이 이어지도록 노력하고 있다. 그 일환으로 소수 인원으로 운영 가능한 배달-포장-밀키트-홀(4way) 시스템을 구축하여 상권과 입지에 따라 매출 상승에 가장 유리한 최적의 형태로 입점할 수 있는 구조를 만들어가고 있다.

메뉴R&D 및 교육센터

특히 밀키트와 배달 판매를 융합한 MDCS^{Meal kit - Delivery Convergence Store}는 '무인 밀키트'와 '배달'을 한 매장에서 최소의 인원으로 운영할 수 있도록 최적의 환경을 제공하고 있다.

이제 외식시장에서 '무인', '밀키트', '배달' 이 세 가지 키워드를 빼놓을 수 없다. 홀에서는 '무인 밀키트'를 운영하고, 주방에서는 '배달 음식'을 판매하여 최소 공간을 활용해서 알짜배기 수익을 창출한다. 나아가 구인과 인건비 부담을 해소하는 것이 우리의 목표다.

배달장사의
진짜 부자들

앞서 나는 '성공을 막는 6가지'에 대해 이야기했다. '마음만 먹으면 누구나 할 수 있는' 행동을 실천한 결과로, 망한 사업가이면서 배달 초보였던 나는, 그동안의 경험과 노하우를 엮어 《배달 장사의 진짜 부자들(2021)》이라는 책을 출간했다. 이 책은 2023년에 '개정판 리커버 에디션'으로 재출간하여 온·오프라인에서 판매 중이며 교육용 교재로 활용되고 있다.

이외에도 각종 뉴스 매체, 소상공인진흥공단 온라인 강의, 온라인 클래스 등 다양한 채널에서 창업 노하우를 전하고 있다.

저서 '배달장사의 진짜 부자들'

사업이 망하고 다시 작은 매장을 시작했을 때, 17시간씩 매장에 매달려 있는 나를 보며 혹자는 워라밸이 없는 삶이라고 생각했을지 모른

밀키트 업체 '더팜홈쿡'과 업무협약식

뉴스 초빙, 창업 정보 전달

다. 나에게 워라밸이란 '일과 삶의 균형이 아닌 조화'다. 나는 내게 허락된 시간 중 일부를 가장 가성비 좋은 시기에 앞당겨 사용했다. 그 결과 현재는 복리의 시간을 살고 있다. 더 중요한 일에 시간을 쓸 수 있게 됐으며 경제적으로 윤택해졌다.

우리는 하루만 살지 않는다. 삶을 길게 보라. 시간은 대단히 소중한 자산이다. 가장 중요한 시기에 시간을 투자한다면 복리의 법칙에 의해 더 많은 시간을 벌 수 있다. 때가 되면 시간을 과감히 투자하라. 그때란 다름 아닌 '바로 지금'이다.

변하지 않는
가치를
가슴에 품어라

장사, 사업을 왜 하는가? 대부분 돈을 벌기 위해서라고 말한다. 그렇다면 원하는 만큼의 돈을 벌면 사업을 계속 유지할 것인가?

우리는 뉴스에서 소위 '한탕하고 사라져 버리는 사업과 회사' 소식을 심심치 않게 듣는다. 돈이 목적인 사람에겐 뿌리치기 어려운 유혹이었을 것이다. 지속 가능할 수 없다면 사업이 아닌 그저 중장기 프로젝트일 뿐이다. 어느 날 불쑥 어려움이 닥치거나 유혹의 손길이 뻗어오면 극복하고 이겨낼 수 없다. 반면 변하지 않는 무언가를 가진 회사는 수많은 어려움과 유혹에서도 중심을 잡고 멀리 항해한다. 위대한 회사는 고난과 유혹의 거센 파도를 극복해낸 시간 속에서 만들어진다.

엠브로컴퍼니 사명서

그렇다면 무엇이 중심을 잃지 않도록 잡아주는가? 그것은 회사가 추구하는 '가치'다. 그것을 마음으로 받아들일 때 사명감이 생긴다. 그 마음을 글로 적어 공유하는 것이 '사명서'다. 다음은 우리 회사의 사명서다.

> "우리는 사람들이 필요로 하는 것을 발견하고 제공하며
> 우리 스스로 즐겁고 자랑스러운 일을 한다."

사명서는 망망대해를 항해하는 우리가 나아가야 할 방향을 가리키는 나침반이다. 변하지 않는 가치로서 이 사명을 구성원 모두가 마음으로 받아들일 때 비로소 '지속가능한' 사업으로 닻을 올리게 된다.

CCP
프로젝트

CCPChange Chance Potential 프로젝트는 우리의 가치를 실현해가는 일련의 활동을 말한다. 2016년부터 시작한 CCP는 획일적이고 경쟁적

CCP프로젝트 업무협약식

인 외식구조에서 벗어나 지역적으로 상생하는 외식문화를 지향한다.

주요 내용은 '나눔 행사 및 사회공헌활동', '보육원 지원', '외식-문화 융합 프로젝트', '아티스트 창작지원', '발달장애 청년 작가 후원'이다. 다양한 활동으로 사회에 기여하며 타인이 아닌 스스로에게 존재가치를 증명해가고자 한다.

• 나눔 및 사회공헌 활동

나눔 활동에서 중요 건 규모가 아니라 '참여'다. 부담되지 않는 선에서 성심껏 준비하면 된다. 나의 첫 나눔 활동은 치킨 5마리를 인근 소방서와 경찰서에 가져다주는 것이었다.

첫 나눔 활동, 인근 소방서와 경찰서 먹거리 나눔(2016년)

이후로도 사업이 성장한 만큼 그에 맞는 규모로 꾸준히 나눔 행사를 지속했다. 기부가 아니더라도 봉사활동으로 참여할 수도 있다. 관심을 갖는 것만으로도 반은 성공한 것이다. '변하지 않는 가치'를 가슴에 품었기 때문이다.

나눔은 타인을 위하는 것이기에 앞서 자신을 위한 것이다. 나눔을 실천할수록 사업에 대한 의지가 더욱 강해지기 때문이다. 스스로의 가치를 증명하는 삶은 흔들림이 없다. 그리고 이것은 지속가능한 사업의 원천이 된다.

영등포구 사회복지협의회 물품 기부

해밝음돌봄터 나눔 행사

마천종합사회복지관 나눔 행사

고산종합사회복지관 나눔 행사

· 보육원 지원

진정한 배려는 동정심이나 연민이 아닌 '평정심'에서부터 시작된다. 보육원에 맡겨진 아이들은 형편상 잠시 부모와 떨어져 있을 뿐 남들과 같은 평범한 일상을 추구하는 보통의 자아를 가지고 있다.

지나친 동정심이나 배려는 아이들에게 상대적 박탈감을 준다. 동정심은 행동할 수 있게 해주는 동력이 되지만 이것이 역차별이 될 수 있으니 주의해야 한다.

이들과 가장 좋은 관계는 동정의 대상이 아닌 친구 같은 관계다. **'동정은 마음만으로, 배려는 보이지 않게, 관계는 동등하게'** 할 수 있을 때 가장 건강하고 이상적인 관계가 지속된다.

영락보린원 봉사활동, 급식 지원(2016년)

어린이날 지원 행사　　　크리스마스 지원 행사　　　사생대회 지원 행사

· 외식-문화 융합 프로젝트

나는 모든 분야는 연결돼 있다고 믿는다. 첫 장사였던 8평 매장에서 시작한 '위치와 공간에 구애받지 않고 아름다움을 추구한다.'라는 슬로건은 오늘날 외식-문화 융합 프로젝트로 이어지고 있다. 그때 나는 작은 가게에서는 통상적으로 할 수 없는 것들을 했다. 그 경험은 현재까지도 나를 성장시키는 자양분이 돼주고 있다.

포장 패키지의 디자인은 일반적으로 브랜드 로고와 맛 소개 같은 홍보성 문구로 채우게 마련이다. 나는 자사 브랜드에서 사용하는 포장 박스의 디자인을 홍보가 아닌 의미 있는 내용으로 채우고 싶었다. 첫 번째 시도로 한국자폐인사랑협회 문화예술팀 '블루아트' 소속 발달장애 청년작가 박재영 군의 작품으로 아트 박스Art Box를 디자인했다.

이런 활동은 모든 사람에게 긍정적 영향을 미친다. 작가뿐만 아니

발달장애 청년작가 '박재영'군

박재영 작가의 작품

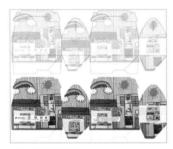

제품 패키지 디자인

작품으로 탄생한 아트 박스

라 제작과정에 참여한 팀원들과 아트 박스를 사용하는 점주들, 그리고

제품을 받는 고객에게까지 의미 있는 일에 참여하고 있다는 자부심을

갖게 한다.

앞으로도 우리는 발달장애 청년 작가들의 아름다운 작품과 작가 스토리를 다양한 방법과 채 널을 통해 사회 곳곳에 전파하고 자 한다. 상대적으로 불리한 위 치에 서 있는 사람들과 그들의

아트 박스 제작, '달' 작가

가족을 위해 의식적으로 노력하는 것이 진정한 평등을 실천하는 길이 라고 믿기 때문이다.

그 밖에도 그래피티 작가(바머스 '달') 작품의 아트 박스 제작, 작가 들의 작품 전시 지원, 버스커 공연 공간 제공 등 다양한 프로젝트가 진 행 중이다.

사회 전체로 보면 우리의 활동은 지극히 미미하다. 그럼에도 인식 의 확장과 관심을 위한 마중물이 되기를 희망한다. 변화는 작은 날갯

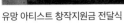

유망 아티스트 창작지원금 전달식

작품 전시 지원   버스킹 공연 공간 지원

작품 전시 지원 행사

짓으로부터 시작한다는 것을 알기 때문이다.

• 아티스트 창작지원

아티스트 창작지원은 신진 아티스트의 재능과 역량을 발휘할 기회를 제공한다. 창작지원금 전달식 외에도 온라인, SNS 등 다양한 매체를 통해 아티스트의 활동을 소개하고 홍보하고자 한다.

예술은 '삶 속에 근본적 영역'으로 정서적 풍요로움과 심리적 안정을 선물한다. 급성장하는 현대 사회의 경쟁 구도 속에서 인간의 지친 마음을 위로하고 다독여주는 역할을 하는 것이 예술이다. 아티스트들과 다양한 형태의 소통은 여러 방면에서 긍정적인 시너지 효과를 불러올 것이라 기대한다.

▎이정표

학창 시절 나는 단 한 번도 상을 받아 본 적이 없다. 상이라는 건 나와 무관하다고 생각했었다. 어릴 적 나의 목표는 남들처럼 평범한 삶을 사는 것이었다.

어느 날, 우연히 집어 든 책 한 권을 시작으로 내 삶은 많은 것이 바뀌었다. 개근상조차 받아본 적 없던 내가 고용노동부 장관상과 산업통상자원부 장관상을 연달아 수상했다. 상이란 어쩌면 한 장의 종이에 불과할지도 모른다. 하지만 이 상은 나의 삶이 얼마나 변했는지, 그리고 올바른 방향으로 가고 있는지를 알려주는 척도가 되어준다.

고용노동부 장관상 수상

산업통상자원부 장관상 수상

여러 시상식의 기록들

완벽히 믿으면
현실로
이루어진다

이제 와 생각해보면 나만의 나라에서 온전히 나의 삶을 살기로 다짐했던 8년 전, 지금 나의 모습을 어렴풋이 느꼈던 것 같다. 구체적으로 설명할 수는 없지만, 그 느낌의 형태는 과거와 현재가 정확하게 일치한다. 그리고 마찬가지로 현재도 미래와 어떤 느낌의 형태로써 연결돼 있음을 느낀다. 나에게 미래란 '느낌의 근원지를 찾는 여정'이다.

자신이 원하는 미래를 현실화하기 위해선 세 가지가 필요하다.

첫째, 그것이 '이미 이루어진 느낌'을 갖는다.
둘째, '평온하고 차분한 상태'를 유지해야 한다. 이미 이루어진 상태를 상상했을 때 지나치게 들뜨거나 흥분된다면 완벽하게 믿는 상태가 아니다. 무의식은 이루지 못한 상태라는 걸 알기에 상상만으로 기분이 좋은 것이다. 원하는 것을 얻은 상태라면 소유하고 있는 것이 당연하기에, 마음은 평온하고 안정적이다.

셋째, 그 상태를 '오래 지속'해야 한다. 짧은 믿음은 찰나의 가능성일 뿐이다. 하루 중 대부분을 의심 또는 무의 감정으로 보내면서 믿음의 시간을 '잠시' 가졌다는 이유로 '온전히' 믿고 있다고 착각하면 안된다. 오직 내면화된 믿음만이 의미가 있다.

> ▶ 미래를 현실화하는 3가지 요소 ◀
> ① 이미 이루어진 느낌 ② 평온함과 차분함 ③ 지속
> ┃ 3가지 요소 = 완벽한 믿음 ┃

당신이 원하는 미래는 이미 존재한다. 그 느낌이 찰나에 머물지 않도록 내면에 붙잡아라. 그 상태를 평온하게 유지할 수 있다면 상상은 곧 현실이 되어 눈 앞에 펼쳐질 것이다.

최고의
성공
도구

성공을 돕는 도구는 다양하다. 멘토, 세미나, 동영상, 인터넷 등. 하지만 내가 생각하는 최고의 성공 도구는 '독서'이다. 성공은 성공감成功感을 무의식에 새겨넣을 때 가까워진다. 지하철에 있든 화장실에 있든, 언제 어디서든 성공에 대한 지식과 성공감을 줄 수 있는 건 독서이다. 부끄러웠던 나의 삶이 변할 수 있었던 가장 큰 이유도 독서이다. 내가 그랬던 것처럼 당신 역시 독서와 친해져서 결국 결승점에 도달하길 진심으로 바란다.

다음은 시기별 도움이 된 책이다.

구분	제목	저자	필독
변화	카네기 인간관계론	데일 카네기	○
	카네기 자기관리론		
	카네기 행복론		
	카네기 인간관계 핵심스킬	데일 카네기 연구소	
	시크릿	론다 번	
	아프니까 청춘이다	김난도	
	정의란 무엇인가	마이클 샌델	
	리딩으로 리드하라	이지성	
	오만과 편견	제인 오스틴	
	논어	공자	
	맹자	맹자	
	생각의 탄생	로버트 루트번스타인 미셸 루트번스타인	○
	몰입 Flow - 미치도록 행복한 나를 만난다	미하이 칙센트미하이	○
	창의성의 즐거움		
	기브앤테이크 Give and Take	애덤 그랜트	○
	책은 도끼다	박웅현	○
	여덟 단어		
	총 균 쇠	재레드 다이아몬드	
	칼의 노래	김훈	
	나만의 레스토랑을 디자인하라	홍석천	
	아내가 창업을 한다	권민	

	성공하는 사람들의 7가지 습관	스티븐 코비	○
	보도 섀퍼의 돈	보도 섀퍼	
	페르시아 원정기	아나바시스	
	월든	헨리 데이비드 소로	
	체 게바라 평전	장 코르미에	
	온워드 Onward	하워드 슐츠, 조앤 고든	
	칼 로저스의 사람-중심 상담	칼 로저스	
변화	사피엔스	유발 하라리	○
	나폴레온 힐 성공의 법칙		○
	부자의 사고법	나폴레온 힐	
	생각하라 그리고 부자가 되어라		
	자기신뢰	랄프 왈도 에머슨	
	시골의사 박경철의 자기혁명	박경철	
	돈의 속성	김승호	
	행복의 건축	알랭 드 보통	
성장	멀티플라이어	리즈 와이즈먼, 그렉 맥커운	○
	성공은 쓰레기통 속에 있다	레이 크록	○
	손자병법	손자	○
	육도·삼략	태공망	
	군주론	니콜로 마키아벨리	
	한비자	한비자	
	초격차	권오현	○

성장	초격차(리더의 질문)	권오현	
	피터 드러커의 자기경영노트	피터 드러커	○
	위대한 상인의 비밀	O.G.만디노	○
	마케팅 불변의 법칙	알 리스, 잭 트라우트	○
	포지셔닝		
	장사의 神(신)	우노 다카시	○
	존 맥스웰 리더십 불변의 법칙	존 C.맥스웰	○
	권도균의 스타트업 경영 수업	권도균	
	버려지는 디자인 통과되는 디자인	길벗 출판사	
	스타트업 브랜드 네이밍	제레미 밀러	
	디퍼런트	문영미	
	스토리 : 흥행하는 글쓰기	오기환	
발전	당신은 전략가입니까	신시아A.몽고메리	○
	모든 비즈니스는 브랜딩이다	홍성태	
	좋은 기업을 넘어 위대한 기업으로	짐 콜린스	○
	88연승의 비밀	존 우든, 스티브 제이미슨	
	바위를 들어올려라	이나모리 가즈오	○
	인생을 바라보는 안목		
	생각이 돈이 되는 순간	앨런 가넷	
	모티베이터	조서환	
	최고의 설득	카민 갤로	○
	리얼리티 트랜서핑	바딤 젤란드	
	어떻게 원하는 것을 얻는가	스튜어트 다이아몬드	○

	Stick 스틱!	칩 히스, 댄 히스	○
확장	원씽 The One Thing	게리 켈러, 제이 파파산	○
	레버리지	롭 무어	○
	비즈니스 현실감각	마크 매코맥	
	타이탄의 도구들	팀 페리스	○
	나는 7년 동안 세계 최고를 만났다	알렉스 바나얀	
	아주 작은 습관의 힘	제임스 클리어	
극복	이반 데니소비치, 수용소의 하루	알렉산드르 솔제니친	○
	숨결이 바람 될 때	폴 칼라니티	○
	그릿 GRIT	앤절라 더크워스	○
	회복탄력성	김주환	○
	죽음의 수용소에서	빅터 프랭클	○

　　앞서 말했듯 성공을 위해선 성장 도구가 필요하다. 어떤 방식으로든 인풋을 해야 한다는 뜻이다. 그렇지 않고선 좋은 아웃풋을 낼 수 없다. 어제와 같은 생각을 하면서 오늘이 달라지길 바라는가. 알버트 아인슈타인은 이렇게 말했다. "어제와 같은 삶을 살면서 다른 미래를 기대하는 것은 정신병 초기 증세다."

　　만약 당신이 열심히 살고 있는데도 성공이 보이지 않는다면 어제와 다를 바 없는 '무의식적 노력'을 기울이고 있는 건 아닌지 스스로를 돌아보라. 오직 성공 도구를 활용한 의식적 노력(인풋)만이 어제와 다른 오늘을 만들 수 있다.

성공,
이제
당신 차례다

나는 당신이 누구인지 모른다. 다만 확실한 건 당신만의 이야기는 이미 시작됐다는 사실이다. 만약 지금 어려움을 겪고 있다면 '그럼에도 불구하고' 상황을 극복해나가는 이야기가 쓰이는 중이며, 매너리즘을 겪고 있다면 작은 것에서 감사함을 찾아가는 깨달음의 이야기가 쓰이고 있을 것이다.

당신은 그 자체로 한 권의 책이다.

알든 모르든 시간이란 종이에 당신이란 연필은 영혼의 이야기를 쓰고 있다. 다음 페이지를 어떤 이야기로 채울지는 오직 당신의 선택에 달렸다.

혹시 자신의 모습이 보잘것없게 느껴져 꿈을 이루고 난 뒤 이야기를 쓰겠다고 한다면 대단히 잘못된 생각이다. 최고의 이야기는 열악한 환경을 극복하는 과정 안에 담겨 있기 때문이다. 다시 한번 말하지만 '감동은 어려움을 극복하는 과정' 자체이다.

이것을 이해했다면 이제 '당신만의 전설'을 써나갈 조건이 갖춰졌다는 뜻이다. 이 책에 담긴 사고방식을 활용해보라. 나아가 많은 성공자의 마인드를 간접 체험해보라. 가장 좋은 방법은 '독서'이다. 장담컨대 내 말을 믿는다면 멀지 않은 언젠가 당신의 이야기가 내 책을 대신해 바로 이곳에 놓일 것이다.

8년 전, 생애 첫 매장을 준비하던 기억이 아직도 선명하다. 나는 그 작은 공간 안에는 언제나 희망, 기쁨. 설렘, 떨림으로 가득 차 있었다. 그곳에서부터 시작된 나의 꿈은 가슴 깊은 곳에 자리 잡아 미지의 곳으로 나를 안내한다. 결국 어디에 도착할지는 알 수 없다. 하지만 가슴속에서 들려오는 목소리를 따르는 것이 유일한 자유라는 것을 나는 알고 있다.

"오늘도 나는 8평 매장에서 꿈을 꾼다."

돌아갈 고향 있는 사람은 더 멀리 여행한다. 내가 도전과 실패를 두려워하지 않는 이유는 언제라도 돌아갈 곳이 있기 때문이다. 눈을 감으면 어느덧 나는 작은 매장으로 돌아간다. 옹기종기 모여 있는 사람들, 잔잔하게 흐르는 음악 소리, 어둑한 조명 불빛. 나는 손님에게 안부를 묻는다. 모든 꿈이 시작된 그곳, 내 가슴에 생생하게 살아있는 그 순간은 내가 더 멀리까지 나아가는 것을 허락한다.

당신이 지금 있는 곳이 어떤 곳이든 그것은 중요치 않다. 잊지 말아야 할 것은 **바로 지금 '그곳에서부터 모든 것이 시작되고 있다.'라는 사실이다.**

가져야 할 마음가짐을 미루지 말라, 그것은 '현재를 사랑하라'는 마음이다. 어떤 상황이 주어져야 최선을 다하겠다고 생각하지 마라.

멋진 공간이 주어지면 최선을 다할 거야.
멋진 사람들과 함께한다면 최선을 다할 거야.
저 사람만 없으면 최선을 다할 거야.
그 일만 아니라면 최선을 다할 거야.
만약 ○○하다면 최선을 다할 거야.

그런 순간은 존재하지 않는다.

소중하지 않은 시간은 없다. 나아가 모든 시간을 소중히 여기는 사람에게 불행이란 없다.

당신이 지금 어디에 있건 현재를 소중히 여긴다면 운명은 당신을 약속의 장소로 데려다줄 것이다. 그곳이 보이지 않더라도 갈 수 있는 만큼 가라. 거기 도착하면 또 다른 길이 보일 것이다.

8평에서 시작한 창업 이야기가 8평으로 시작하는 많은 분에게 작게나마 용기와 희망의 불씨가 되기를 바란다.

우리는 벌거벗은 몸으로 이곳에 왔고 다시 떠날 것이다.
당신이 온전하게 소유할 수 있는 건
삶을 대하는 마음뿐이다.

삶 속에서
당신을 빛나게 하는 건

어려움을 극복하는 과정 자체이다.

당신의 이야기는 지금 이 순간에도 계속 쓰여지고 있다.
이 사실을 이해한다면 잠들기 전 혹은 매일 아침
스스로 다음과 같이 질문하라.
"오늘은 어떤 나만의 이야기를 쓸 것인가?"

남이 아닌 당신의 이야기로 삶을 채워 나가다 보면
결국, 당신은 해낼 것이다!